디지털과 AI 시대,
전략적인 퇴직과 은퇴를 위한 실전 바이블

퇴직과 은퇴,
인생 2막 설계 지침서

새로운 시대, 퇴직과 은퇴도 전략적인 준비가 필요하다!

퇴직과 은퇴는 이제 단순히 나이만 채운다고 해서 자연스럽게 맞이할 수 있는 시기가 아니다. 특히, 평균 수명이 길어지고 경제 환경이 급변하는 현대 사회에서는 은퇴 이후의 삶이 오히려 더 길어질 수 있다. 그렇기에 '은퇴'는 더 이상 끝이 아니라 인생 2막의 새로운 시작이다. 그리고 이 시작을 성공적으로 맞이하기 위해서는 철저한 준비와 전략이 필수적이다.

예전의 은퇴는 그저 일에서 물러나 여생을 조용히 보내는 시기로 여겨졌다. 그러나 지금은 다르다. 기술의 발달로 인해 많은 직업이 사라지고 새로운 직업이 생겨나는 속도는 빨라지고 있다. 또한, 디지털 전환과 인공지능(AI) 시대가 도래하면서 일의 의미와 방식도 변하고 있다. 이러한 변화 속에서 자신만의 길을 찾고 새로운 가능성을 열어가는 것이 무엇보다 중요하다.

문제는 많은 사람이 이러한 변화를 미리 준비하지 못한다는 점이다. 갑작스럽게 찾아온 퇴직과 은퇴는 막막함을 남기고, 준비되지 않은 은퇴는 불안감을 불러일으킨다. 하지만 미리 준비하고 전략적으로 접근한다면 은퇴 후의 삶은 새로운 인생 2막을 여는 또 다른 기회가 될 수 있다. 자신만의 목표를 설정하고 새로운 배움과 경험을 통해 제2의 인생을 성공적으로 열어갈 수 있다.

이 책은 그런 분들을 위한 지침서다. 변화하는 사회 속에서 퇴직과 은퇴를 준비하고, 퇴직과 은퇴 후에도 활기차고 의미 있는 삶을 살 수 있는 방법을 제시한다. 단순히 경제적인 준비만이 아닌 마음가짐과 삶의 방향성을 함께 고민하며 어떻게 하면 퇴직과 은퇴 이후의 삶을 더 풍요롭고 의미 있게 만들 수 있을지에 대한 전략적인 접근을 돕고자 한다.

준비되지 않은 퇴직과 은퇴는 위기일 수 있다. 그러나 제대로 준비된 퇴직과 은퇴는 새로운 기회이자 인생의 또 다른 전환점이 될 것이다. 이 책을 통해 많은 분이 퇴직과 은퇴 이후의 삶을 더 즐겁고 의미 있게 살아갈 수 있기를 바란다.

지은이 **김용한**

차례

Contents

Contents

1부

퇴직과 은퇴의 뉴노멀 :
준비된 은퇴!

01

은퇴, 새로운 시작인가? 끝인가?

은퇴의 의미 변화와 시대적 흐름

은퇴는 오랫동안 직장에서의 끝을 의미해 왔다. 과거에는 일정 나이가 되면 일을 그만두고 은퇴하는 것이 자연스러웠다. 이는 산업화 시대의 잔재로, 정해진 나이까지 일하고 그 이후는 쉬면서 여생을 보내는 것이 사회적 표준이었다. 당시 평균 수명도 지금보다 짧았고 기술의 변화도 비교적 더뎠기 때문에 정년은 일생을 마무리하는 단계로 여겨졌다.

그러나 현대 사회로 들어오면서 은퇴의 의미가 크게 달라지고 있다. 먼저, 평균 수명의 연장으로 인해 은퇴 이후의 삶이 훨씬 길어졌다. 과거에는 60세나 65세에 정년퇴직을 하면 그 이후의 여생은 10~15년 정도로 예상되었다. 하지만 현재는 80세에서 90세까지도 건강하게 생활하는 사람이 늘어나면서 은퇴 이후 20~30년 이상의 시간을 보내는 것이 일반화되고 있다. 단순히 쉬면서 여생을 보내는 것이 아니라 활발하게 사회적 역할을 이어가거나 새로운 도전을 시작할 수 있는 시간이 주어진 것이다.

또한, 경제적 환경과 기술의 발전 역시 정년의 개념에 큰 변화를 불러왔다. 과거에는 기업이 종신고용을 통해 직원들을 보호하고 퇴직 후에는 연금 등으로 안락한 삶을 보장해 주었다. 하지만 오늘날의 경제 구조는 크게 변화했다. 글로벌화와 경쟁의 심화, 기술 혁신으로 인해 평생한 직장에서 일하는 것이 어려워졌으며 기업 역시 종신고용을 보장하지 않는다. 이는 은퇴 이후에도 경제적 자립이 필요하다는 인식을 강화시켰다.

더불어, 디지털 전환과 AI 기술의 도입은 일의 패러다임 자체를 바꾸고 있다. 자동화와 인공지능의 발전으로 전통적인 일자리의 상당수가 사라지거나 변형되고 있다. 이에 따라 은퇴 시기가 되어도 자신의 경험과 역량을 새롭게 적용할 수 있는 직업을 찾는 것이 중요해졌다. 이제는 기술에 적응하고 지속적인 학습을 통해 새로운 역할을 찾아 나가는 것이 필수적이다.

특히, 4차 산업혁명이라 불리는 디지털 혁명은 은퇴의 의미를 근본적으로 다시 생각하게 만든다. 예전에는 나이가 들어서 몸이 힘들어지면 자연스럽게 은퇴를 선택했지만, 이제는 육체적 노동이 아닌 창의적이고 지식 기반의 일자리가 증가하고 있다. 이런 변화로 인해 나이가 들어도 경험과 지식을 기반으로 계속 일할 수 있는 환경이 조성되고 있다. 실제로 많은 베이비붐 세대는 퇴직 후에도 프리랜서, 컨설턴트, 강사 등으로 활동하며 제2의 커리어를 만들어 가고 있다.

시대적 흐름 속에서 은퇴는 더 이상 직업적 경력의 마무리가 아니라 새로운 도전의 시작이 되고 있다. 은퇴는 끝이 아니라, 더 많은 기회를 포용할 수 있는 인생의 중요한 전환점이 된 것이다. 이를 위해서는 은퇴를 새로운 출발점으로 인식하고, 변화된 시대에 맞는 준비와 계획을 세우는 것이 필요하다. 은퇴 후에도 경제적 안정과 사회적 역할을 지속하기 위해서는 기술 변화에 적응하고, 평생학습을 통한 자기계발이 필수적이다.

　이처럼 은퇴의 의미는 단순한 은퇴와 휴식이 아니라, 끊임없이 변화하는 세상 속에서 자신만의 새로운 기회를 찾는 과정으로 바뀌고 있다. 준비된 은퇴는 그저 여유로운 삶을 보내는 것이 아니라, 은퇴 이후의 삶을 더 활기차고 의미 있게 만드는 중요한 기회가 될 수 있다.

전통적인 은퇴 방식의 한계

　과거의 은퇴 방식은 사회 전반에 걸친 고정된 틀이 있었다. 정해진 연령에 도달하면 직장을 그만두고 연금으로 여생을 살아가는 것이 일반적인 방식이었다. 산업화 시대에는 이러한 시스템이 잘 작동했다. 대부분 평생 한 직장에서 일했으며, 노동의 대가로 은퇴 후 편안한 삶을 보장받을 수 있었다. 기업과 정부는 종신고용과 연금 제도를 통해 직원들의 은퇴를 보장했고, 개인도 큰 걱정 없이 정년을 맞이했다. 하지만 이러한 전통적인 은퇴 방식에는 여러 가지 한계가 존재했다.

　첫 번째 한계는 경제적 안정성의 문제다. 과거에는 대부분의 직장에서 퇴직 후 연금을 제공했지만, 지금은 그렇지 않다. 기업의 구조조정과 경제적 불확실성, 그리고 점점 더 경쟁이 치열해지는 글로벌 경제 환경 속에서 종신고용은 사실상 사라지고 있다. 이는 많은 사람이 예전처럼 안정된 연금 수입을 기대할 수 없음을 의미한다. 특히 중소기업에서 일하던 사람들은 연금 제도의 혜택을 제대로 누리지 못할 가능성이 크다. 이에 따라 정년 이후의 경제적 준비가 부족하면 은퇴 후 생활이 불안정해질 수밖에 없다.

두 번째 한계는 기대수명의 연장과 연관된다. 평균 수명이 크게 증가하면서 은퇴 후의 기간이 과거에 비해 훨씬 길어졌다. 전통적인 은퇴 방식이 형성될 당시에는 60세 전후에 은퇴하고 10~15년 정도 여생을 보내는 것이 일반적이었다. 하지만 현재는 60세에 은퇴하면 그 이후로도 20~30년을 더 살 수 있는 시대가 되었다. 그만큼 은퇴 후 삶에 대한 경제적, 심리적 준비가 훨씬 중요해졌지만, 기존의 은퇴 방식은 이러한 긴 기간을 충분히 고려하지 못한다. 더 오래 살게 되었지만, 은퇴 후 소득이 부족하거나 삶의 질이 떨어지면 그 기간은 고통스러울 수밖에 없다.

세 번째 한계는 정체성의 문제다. 전통적인 은퇴 방식에서는 은퇴를 일에서 완전히 벗어나는 것으로 간주했다. 은퇴 후의 삶은 단순히 여가와 휴식으로만 이루어진다고 여겨졌으며, 그로 인해 많은 사람이 은퇴 후 자신이 해야 할 일이나 삶의 의미를 찾지 못하는 경우가 많았다. 평생 일해 온 직장을 떠난 후 갑작스레 맞이하는 긴 여가는 기대와 달리 공허함과 우울감으로 이어질 수 있다. 은퇴가 휴식과 여유를 주기도 하지만, 동시에 삶의 목표와 활동성을 상실하게 만들 수 있기 때문이다. 실제로 많은 은퇴자가 은퇴 후 우울증을 겪는 이유 중 하나는 바로 이러한 정체성의 혼란과 역할 상실이다.

네 번째 한계는 사회적 고립의 위험이다. 전통적인 은퇴 방식에서는 은퇴 후의 삶이 주로 가족과의 시간을 보내거나 자신만의 휴식 시간을 가지는 것으로 여겨졌다. 하지만 현대 사회에서는 가족 구성의 변화와 개별화된 생활 패턴이 두드러지면서 은퇴 이후에 사회적 관계망이 급격히 줄어들 가능성이 높다. 직장생활을 통해 맺어온 사회적 네트워크가 사라지면서 은퇴 후에는 혼자 있는 시간이 많아지게 되고, 이는 심리적 불안정과 외로움으로 이어질 수 있다. 특히 은퇴 후 아무런 사회적 활동이나 인간관계를 유지하지 않으면 고립감이 깊어지고 삶의 질이 크게 떨어질 수 있다.

마지막으로, 전통적인 은퇴 방식은 변화하는 사회와 기술 환경에 적응하지 못하는 한계가 있다. 과거에는 직장에서 퇴직하면 은퇴 이후의 삶이 더 이상 새로운 도전을 요구하지 않았다. 그러나 지금은 다르다. 기술이 빠르게 발전하고 AI와 디지털 전환이 일상화되면서 새로운 직업군과 일자리 환경이 등장하고 있다. 이러한 변화에 적응하지 못하면, 은퇴 후의 삶은 더더욱 소외감을 느낄 수밖에 없다. 디지털 기술의 발전은 은퇴 이후에도 다양한 형태로 사회에 기여하거나 경제적 활동을 이어갈 기회를 제공하지만, 이를 활용하기 위해서는 기존의 은퇴 방식을 탈피한 새로운 접근이 필요하다.

전통적인 은퇴 방식은 짧은 수명과 안정적인 고용 환경을 전제로 한 시대의 산물로 오늘날의 변화된 사회 구조와는 맞지 않는 측면이 많다. 정년 후의 긴 여생을 대비하고 경제적 안정과 사회적 역할을 지속적으로 유지하기 위해서는 더 유연하고 적극적인 은퇴 준비가 필요하다. 이는 단순히 경제적 준비만을 의미하는 것이 아니라 새로운 기술에 대한 적응력, 사회적 네트워크 유지, 그리고 자기계발을 통한 제2의 인생을 설계하는 능력까지 포함해야 한다.

뉴노멀 시대의 은퇴 패러다임

뉴노멀(New Normal) 시대에 접어들면서 은퇴에 대한 개념은 과거와는 전혀 다른 방식으로 변화하고 있다. 뉴노멀은 글로벌 경제 위기, 기술 혁신, 팬데믹 등으로 인해 기존의 사회적, 경제적 구조가 크게 변화하면서 새롭게 자리 잡은 표준을 의미한다. 특히 은퇴에 대한 전통적 개념은 이러한 변화 속에서 더 이상 유효하지 않다. 빠르게 변하는 시대에 맞춰, 정년 후 삶에 대한 새로운 패러다임이 요구된다.

우선, 뉴노멀 시대에서는 은퇴가 끝이 아니라 새로운 시작을 의미한다. 과거에는 일정 나이에 도달하면 일에서 물러나 휴식하는 것이 일반적이었다. 하지만 이제는 은퇴 이후에도 계속해서 일할 기회와 환경이 조성되고 있다. 경제적 불확실성, 연금 제도의 약화, 그리고 기대수명의 연장으로 인해 더 오랜 기간 경제활동을 이어가는 것이 필수적인 과제가 되었다. 은퇴를 미루거나, 새로운 직업을 찾는 일이 흔해지면서 은퇴 이후에도 능동적으로 사회에 참여하는 사람들이 늘어나고 있다.

특히 기술 발전과 디지털 전환이 은퇴 이후의 직업 환경을 크게 바꾸고 있다. 인공지능(AI), 자동화, 빅데이터 등의 기술은 새로운 일자리를 창출하는 동시에, 기존의 일자리를 빠르게 대체하고 있다. 이러한 변화는 나이가 들어도 꾸준한 학습과 자기계발을 통해 적응해야 한다는 사실을 강조한다. 더 이상 은퇴는 '노년의 휴식'이 아니라, 새로운 역량을 발휘하고 기존의 경험을 활용해 더 나은 가치를 창출하는 기회로 재정의되고 있다.

또한, 은퇴 후의 삶에 대한 기대 역시 크게 변했다. 이전에는 단순한 휴식과 안락함을 추구하는 것이 은퇴의 핵심 목표였지만, 오늘날에는 자신만의 새로운 목표를 세우고 삶에 의미를 부여하는 것이 중요해졌다. 뉴노멀 시대의 은퇴자들은 새로운 기술을 배우거나, 자원봉사 활동을 하며 사회에 기여하는 등 다방면에서 활동을 이어가고 있다. 이는 개인의 성취감을 높이고, 사회적 유대감을 강화하며, 정신적 건강에도 긍정적인 영향을 미친다.

이와 더불어, 비정규직, 파트타임, 프리랜서 등 다양한 형태의 근무 방식이 정년 이후에도 계속 일할 기회를 제공한다. 과거와 달리 전통적인 고용 형태만이 아닌 유연한 일자리가 확산되면서, 은퇴 후에도 자신의 역량을 발휘할 기회가 많아졌다. 특히 프리랜서나 자영업은 은퇴 이후에도 기존의 경력과 기술을 활용해 독립적으로 일할 수 있는 좋은 대안이 되고 있다.

뉴노멀 시대의 또 다른 특징은 재취업이나 창업을 통해 제2의 커리어를 시작하는 사람들이 많아졌다는 점이다. 은퇴 후에도 새로운 분야에 도전하거나, 창의적 아이디어를 바탕으로 사업을 시작하는 이들이 늘고 있다. 이는 단순히 경제적 이유뿐만 아니라, 개인의 자아실현과 성취욕을 충족시키기 위한 선택으로 해석할 수 있다. 사회적 활동에 계속해서

참여하는 것이 중요한 동기로 작용하며 그 결과 은퇴는 더 이상 고립이
나 끝을 의미하지 않게 되었다.

뉴노멀 시대의 은퇴는 스스로 미래를 능동적으로 설계하고 새로운 패
러다임에 맞춰 준비하는 것이다. 준비된 은퇴는 더 이상 정해진 길이 아
니라 자신만의 독특한 인생 경로를 개척하는 기회가 될 수 있다.

【전통적인 은퇴와 뉴노멀 시대 은퇴 패러다임 비교】

항목	전통적인 은퇴 방식	뉴노멀 시대 은퇴 패러다임
은퇴의 정의	정해진 연령에 도달하면 직장을 그만두고 연금으로 여생을 보내는 방식	정년이 끝이 아니라 새로운 시작으로, 은퇴 후에도 계속해서 경제적, 사회적 활동이 가능한 방식
경제적 안정성	종신고용과 안정된 연금을 통한 경제적 보장이 일반적이었음	연금 제도의 약화와 경제적 불확실성으로 더 오랜 경제활동이 필요, 추가적인 소득원 확보 중요
직업적 역할	일에서 완전히 물러나고, 주로 여가와 휴식으로만 이루어짐	일과 은퇴의 경계가 모호해지며, 새로운 직업이나 역할을 통해 사회 계속해서 기여할 수 있음
수명과 은퇴 기간	평균 수명이 짧아 은퇴 후 10~15년 정도의 여생이 일반적임	기대수명의 연장으로 은퇴 후 20~30년 이상 긴 기간을 계획해야 함
정체성	직업에서 물러나면서 정체성 상실과 역할 상실, 은퇴 후 공허함과 우울감 발생 가능	은퇴 후에도 새로운 목표를 설정하고, 새로운 역할을 찾는 것이 중요
고용 형태	정규직, 종신고용이 일반적임	비정규직, 파트타임, 프리랜서 등 다양한 고용 형태가 확산되어 은퇴 후에도 유연하게 일할 기회 제공
사회적 관계	은퇴 후 직장 동료와의 관계가 줄어들고, 가족과의 시간에 집중	은퇴 후에도 사회적 네트워크를 유지하며, 동호회, 자원봉사 등을 통해 사회적 활동을 이어감

기술 변화	기술 변화에 적응할 필요가 없 었음	AI, 디지털 전환 등 빠른 기술 변화 에 적응해야 하며, 새로운 일자리와 기회를 모색할 수 있음
새로운 도전	은퇴는 새로운 도전 없이 휴식 에 집중	새로운 분야에 도전하거나 창업, 재 취업을 통해 제2의 커리어를 시작할 기회로 인식됨
사회적 고립	은퇴 후 사회적 네트워크가 급격 히 축소되어 고립될 위험이 있음	은퇴 후에도 다양한 사회적 관계와 활동을 유지하며, 사회에 기여하는 역할을 통해 고립을 방지할 수 있음
성취와 자아실현	은퇴 후 성취감이나 자아실현의 기회가 적었음	은퇴 후에도 자아실현과 성취를 추 구할 다양한 기회 제공, 개인적인 성 장 가능성 확대
재취업 및 창업	재취업이나 창업은 드물고, 은퇴 후 다시 일할 기회가 적었음	재취업, 창업, 프리랜서 형태로 은퇴 후에도 계속해서 경제적 활동 을 이 어갈 수 있음
사회적 기여	은퇴 후에는 가족 내에서 시간을 보내거나, 자신만의 휴식을 취하 는 것이 일반적	자원봉사, 멘토링, 비영리 단체 활동 등을 통해 사회에 기여하고 의미 있 는 삶을 지속할 수 있음

삶의 전환점, 준비된 은퇴로 만드는 기회

정년은 단순히 일에서 벗어나 여유로운 시간을 맞이하는 시기가 아니라, 인생의 새로운 전환점이 될 수 있다. 그 전환을 어떻게 준비하느냐에 따라 은퇴 이후의 삶은 크게 달라진다. 준비된 은퇴는 불안과 두려움 대신 새로운 도전과 기회의 장이 될 수 있다. 이제 은퇴는 단순한 휴식의 시간이 아니라, 자신의 경험과 역량을 새롭게 활용하고 인생의 가치를 다시 설정할 수 있는 중요한 시기다.

은퇴를 준비하는 과정에서 **가장 먼저 고려해야 할 점은 자신만의 목표와 비전을 설정하는 것**이다. 많은 사람이 은퇴를 막연하게 기다리지만, 구체적인 계획이 없으면 은퇴 후 공허함을 느끼기 쉽다. 따라서 자신이 앞으로 어떤 삶을 살고 싶은지, 어떤 목표를 가지고 활동할 것인지를 미리 고민해야 한다. 이때 중요한 것은 과거에 얽매이지 않고 새로운 시각으로 자신을 재발견하는 것이다. 과거의 경력과 경험을 바탕으로 새로운 분야에 도전하거나, 오랜 시간 미뤄둔 꿈을 실현할 기회를 찾는 것도 좋은 방법이다.

또한, **은퇴는 재정적 안정이 뒷받침되어야만 진정한 기회가 될 수**

있다. 준비되지 않은 은퇴는 경제적 불안정으로 이어질 수 있으며, 이는 은퇴 후의 자유로운 활동에 큰 제약을 줄 수 있다. 따라서 은퇴 전에 충분한 재정 계획을 세워야 한다. 은퇴 후에 필요한 생활비를 미리 계산하고 연금, 투자, 저축 등을 활용해 경제적 기반을 마련하는 것이 중요하다. 이를 통해 은퇴 후에도 경제적 걱정 없이 자신의 목표를 실현할 수 있는 여유를 가질 수 있다.

심리적 준비도 매우 중요하다. 은퇴는 삶의 큰 변화 중 하나로 일상에서 겪던 역할의 상실이나 사회적 관계의 변화가 심리적 불안감을 불러일으킬 수 있다. 특히 평생 직장에서의 역할에 익숙해져 있던 사람들에게 은퇴는 자아 정체성의 혼란을 초래할 수 있다. 따라서 은퇴 전후로 자신의 심리적 변화를 인식하고, 이를 극복할 준비를 해야 한다. 이 과정에서 새로운 역할을 찾고 자신만의 의미 있는 활동을 지속하는 것이 도움이 된다. 자원봉사, 취미활동, 커뮤니티 참여 등 다양한 방식으로 사회적 유대감을 유지하면 심리적 안정감을 되찾을 수 있다.

또한, **은퇴는 새로운 배움의 기회로도 활용할 수 있다.** 뉴노멀 시대에서는 평생학습의 중요성이 더욱 강조되고 있다. 디지털 기술의 발전과 빠르게 변화하는 사회 속에서 새로운 지식과 기술을 익히는 것이 은퇴 후에도 중요한 경쟁력이 된다. 은퇴 후에도 꾸준히 학습하고 새로운 도전을 통해 자신을 성장시키는 것이 필요하다. 이는 단순히 경제적 활동을 유지하기 위한 것이 아니라, 개인의 성취감과 삶의 만족도를 높이기 위한 중요한 요소다.

마지막으로, **은퇴는 사회적 관계를 재정립할 기회다.** 직장생활을 하며 쌓아온 인간관계는 은퇴와 함께 자연스럽게 줄어들 수밖에 없다. 하지만 은퇴 후에도 새로운 인간관계를 구축하고 기존 관계를 유지하려는 노력이 필요하다. 가족, 친구, 동료들과의 관계를 유지하고, 새로운 사람들과의 교류를 통해 사회적 고립을 방지할 수 있다. 특히, 자신의 경험과 지식을 바탕으로 다른 사람들에게 도움을 줄 수 있는 멘토링 활동이나, 세대 간 교류를 통해 사회에 기여하는 삶을 사는 것도 은퇴 후의 삶을 더 의미 있게 만들어 준다.

결국, 은퇴는 단순히 직장에서의 역할이 끝나는 것이 아니라, 삶의 새로운 전환점이자 도약의 기회로 받아들여야 한다. 준비된 은퇴는 경제적, 심리적 안정뿐만 아니라 새로운 도전과 성취를 통해 더 나은 인생을 만들어갈 수 있는 출발점이 된다. 변화하는 시대에 맞춰 은퇴를 재정의하고, 스스로의 인생을 주도적으로 설계하는 것이야말로 성공적인 은퇴의 핵심이다. 은퇴는 끝이 아니라 새로운 시작이며, 준비된 은퇴는 풍요롭고 의미 있는 제2의 인생을 열어갈 기회다.

| 은퇴 후 우울감을 극복하기 위한 팁

① 사회적 활동 유지: 친구들과의 만남, 동아리 활동, 지역 사회 행사 참여
와 같은 사회적 활동에 꾸준히 참여한다.

② 새로운 취미 찾기: 새로운 취미나 스킬을 배워 본다. 배움은 뇌를 자극하
고, 새로운 도전은 삶에 의미와 목적을 부여한다.

③ 정기적인 운동: 운동은 스트레스 해소에 도움이 되며, 기분을 개선하는
데 효과적이다.

④ 건강한 생활습관 유지: 균형 잡힌 식사와 충분한 수면은 정신 건강에 긍
정적인 영향을 미친다. 영양가 있는 식사와 규칙적인 수면 패턴을 유지
해야 한다.

⑤ 자원봉사: 다른 사람을 돕는 일은 자아실현의 감각을 제공하고, 자신의
삶에 긍정적인 영향을 미친다.

⑥ 감정 표현하기: 자신의 감정을 표현하고 지원을 받는 것은 정서적 안정
을 찾는 데 큰 도움이 된다.

⑦ 일상에 구조 만들기: 은퇴 후에도 일상에 일정한 구조를 만드는 것이 중
요하다. 매일의 일정을 계획하고, 일과 시간을 설정하여 생활에 리듬을
만들어 보자.

02

은퇴를 재정의하다!
단순 휴식에서 새로운 도전으로

은퇴에 대한 고정관념 깨기

오랫동안 은퇴는 단순한 '일의 끝'과 '휴식의 시작'으로 여겨져 왔다. 많은 사람은 은퇴를 일종의 종착점으로 생각하며, 오랜 시간 일한 보상으로 쉬고 여유로운 삶을 보내는 것을 당연한 과정으로 받아들였다. 그러나 현대 사회에서 이러한 고정관념은 더 이상 현실과 맞지 않는다. 우리는 이제 은퇴를 단순한 휴식의 시기가 아닌, 새로운 도전과 성취의 기회로 재정의할 필요가 있다.

첫 번째로 깨야 할 고정관념은 '은퇴는 끝'이라는 생각이다. 과거에는 평균 수명이 짧고 경제적 구조도 고정적이어서 은퇴는 노동 생활의 자연스러운 마무리로 여겨졌다. 하지만 현재는 기대수명이 80세를 넘어가며, 은퇴 후에도 20년, 혹은 그 이상의 시간을 보내게 되는 경우가 많아졌다. 이 긴 시간 동안 아무것도 하지 않고 단순히 쉬기만 한다는 것은 현실적이지 않다. 또한, 단순히 여가를 즐기며 보낸다면 자아실현이나 성취감을 느끼기 어렵다. 이제는 은퇴 후에도 자신이 할 수 있는 일과 도전 과제를 찾아 새로운 의미 있는 활동을 이어가는 것이 필요하다.

둘째, 은퇴는 '완전한 휴식'이라는 인식도 고쳐야 한다. 물론 오랫동안 열심히 일해 온 후에는 충분한 휴식이 필요하다. 하지만 은퇴 후의 삶을 무한한 휴식의 시간으로만 간주하면 삶의 활력과 동기를 잃을 수 있다. 인간은 기본적으로 목적의식과 목표가 있을 때 더 큰 만족감을 느끼는 존재다. 만약 아무런 계획 없이 시간만 보내면 오히려 은퇴 후의 삶이 공허하게 느껴질 수 있다. 실제로 많은 은퇴자들이 은퇴 초기에는 휴식을 즐기지만, 시간이 지나면서 무료함과 외로움, 우울감을 경험하는 경우가 많다. 따라서 은퇴 후에도 활동적이고 도전적인 삶을 이어가는 것이 중요하다.

셋째, 은퇴 이후에는 사회적 역할이 끝난다는 생각도 깨야 한다. 은퇴를 하면 더 이상 사회에 기여할 수 없다고 생각하는 사람들이 많다. 그러나 이는 잘못된 고정관념이다. 은퇴 후에도 충분히 사회에 기여할 수 있는 다양한 방법들이 존재한다. 은퇴 전까지 쌓아온 경력과 경험은 매우 소중한 자산이다. 이를 바탕으로 새로운 방식으로 사회에 기여하거나 다른 사람들을 도울 수 있다. 예를 들어, 자원봉사, 멘토링, 강의, 컨설팅 등 다양한 활동을 통해 여전히 중요한 역할을 할 수 있다. 자신의 지식과 경험을 공유함으로써 다른 사람들에게 긍정적인 영향을 미치고 사회적 기여를 이어갈 수 있다.

넷째, 은퇴는 새로운 배움이 필요 없다는 생각을 버려야 한다. 많은 사람이 은퇴 후에는 새로운 것을 배우거나 익힐 필요가 없다고 생각한다. 하지만 빠르게 변화하는 시대에서 지속적인 학습은 필수적이다. 디지털 기술의 발달과 사회 구조의 변화는 은퇴 후에도 끊임없는 배움과 적응을 요구한다. 새로운 기술이나 정보를 익히고, 변화하는 사회 환경에 맞춰 자신을 발전시키는 과정은 은퇴 후에도 활발하게 이어져야 한다. 평생학습의 중요성은 점점 더 커지고 있으며, 이는 은퇴 후의 삶을 더 풍요롭고 의미 있게 만드는 핵심 요소가 된다.

마지막으로, 은퇴 후에는 경제적 활동이 필요 없다는 고정관념을 깨야 한다. 과거에는 연금이나 저축만으로도 은퇴 후의 삶을 충분히 보장할 수 있었다. 하지만 오늘날의 경제 상황은 그렇지 않다. 연금만으로는 충분하지 않은 경우가 많으며, 예상치 못한 경제적 변동도 발생할 수 있다. 따라서 은퇴 후에도 경제적 활동을 이어가거나 최소한 경제적 자립을 위한 계획을 세워야 한다. 다양한 형태의 파트타임 일자리, 프리랜서 활동, 투자 등을 통해 경제적 안정성을 유지하는 방법을 모색해야 한다.

은퇴에 대한 고정관념을 깨는 것은 성공적인 은퇴 준비의 첫걸음이다. 은퇴는 더 이상 일의 끝도, 단순한 휴식의 시간도 아니다. 오히려 새로운 도전과 성장을 위한 기회로 받아들이는 것이 중요하다. 고정된 틀에서 벗어나 더 넓은 시야로 은퇴를 바라볼 때, 우리는 은퇴 후의 삶을 더 활기차고 의미 있게 만들어갈 수 있다. 은퇴는 인생의 또 다른 출발선이며, 이를 어떻게 준비하고 받아들이느냐에 따라 그 이후의 삶이 달라질 것이다.

제2의 인생에서 새로운 역할 찾기

은퇴는 단순한 일의 끝이 아니라 새로운 역할을 찾는 기회다. 은퇴 후에도 활기차고 의미 있는 삶을 살기 위해서는 제2의 인생에서 자신이 맡을 새로운 역할을 설정하는 것이 중요하다. 은퇴 전에는 직장에서 정해진 역할을 수행했지만, 은퇴 후에는 스스로 자신의 역할을 창출해야 한다. 이때 중요한 것은 과거의 경험과 경력을 바탕으로 자신만의 독창적인 역할을 찾아가는 것이다.

첫 번째로, 자신이 은퇴 전까지 쌓아온 경력과 경험을 활용할 수 있는 역할을 고민해 보는 것이 좋다. 많은 사람이 은퇴 후 완전히 새로운 분야에 도전하기보다, 이전에 익숙한 분야에서 자신의 전문성을 계속 활용하는 방법을 선택한다. 예를 들어, 오랜 기간 특정 직업에 종사한 사람이라면 그 경험을 바탕으로 컨설팅, 강의, 멘토링 등의 활동을 할 수 있다. 이는 그동안 쌓아온 지식을 바탕으로 다른 사람들에게 도움을 주는 동시에, 자신에게도 보람 있는 활동이 될 수 있다.

두 번째로, 완전히 새로운 분야에서 자신만의 역할을 찾는 것도 하나의 방법이다. 은퇴 후에는 시간이 더 많아지기 때문에 그동안 관심은 있었지만 실천하지 못했던 새로운 활동에 도전할 수 있다. 예를 들어, 예술, 요리, 음악, 스포츠 등 오랜 시간 취미로만 두었던 것들을 전문적으로 발전시킬 기회가 생긴다. 어떤 사람들은 은퇴 후 새로운 언어를 배우거나, 새로운 기술을 익히며 그 과정에서 자신만의 역할을 만들어간다. 이러한 도전은 단순히 새로운 것을 배우는 것을 넘어, 자신을 성장시키고 인생에 활력을 불어넣는 중요한 전환점이 될 수 있다.

세 번째로, 자원봉사나 공익 활동에서 자신만의 역할을 찾는 것도 고려할 만하다. 은퇴 후에는 경제적 이익보다 사회적 기여에 더 큰 가치를 두는 사람들이 많아진다. 자신이 속한 지역 사회나, 특정 공동체에서 봉사하거나, 공익 단체에 참여하는 것도 새로운 역할을 찾는 좋은 방법이다. 예를 들어, 지역 내 학교에서 학생들에게 자신의 경험을 전수하거나, 복지 기관에서 취약 계층을 돕는 활동을 할 수 있다. 이러한 활동을 통해 자신만의 사회적 역할을 새롭게 정립할 수 있으며, 더불어 삶의 보람도 얻을 수 있다.

네 번째로, 가족과의 관계에서도 새로운 역할을 찾을 수 있다. 은퇴 후 많은 사람이 가족과 더 많은 시간을 보내게 되면서 새로운 관계와 역할을 고민하게 된다. 특히 자녀들이 성인이 되어 독립한 후, 부부 사이에서 서로의 역할을 재정립하는 과정이 필요하다. 은퇴 후에도 부부간에 함께 할 수 있는 활동을 찾아 새로운 동반자로서의 역할을 찾는 것이 중요하다. 또한, 손주들과 함께 시간을 보내며 세대 간 유대감을 형성하는 것도 은퇴 후 중요한 역할 중 하나다. 이 과정에서 조부모로서의 새로운 역할을 발견하고, 가족 내에서 중요한 위치를 유지할 수 있다.

마지막으로, 자신만의 작은 사업이나 프로젝트를 통해 새로운 역할을 만들어 갈 수 있다. 요즘 많은 은퇴자들이 프리랜서, 파트타임, 또는 소규모 창업을 통해 제2의 인생을 시작하고 있다. 이는 경제적 이익뿐만 아니라 새로운 도전을 통해 성취감을 얻고, 자신의 역량을 계속해서 발휘할 기회를 제공한다. 예를 들어, 오랜 직장생활에서 얻은 경험을 바탕으로 작은 컨설팅 회사를 운영하거나, 손재주가 있는 사람이라면 수공예품을 만들어 판매하는 사업을 시작할 수 있다. 이는 자신의 흥미와 재능을 살리면서 새로운 인생을 개척하는 좋은 방법이다.

　제2의 인생에서 새로운 역할을 찾는 것은 은퇴 후 삶의 질을 결정짓는 중요한 요소다. 은퇴 전과 같은 틀에 얽매이지 않고, 자신만의 고유한 역할을 찾아가는 과정은 은퇴 후에도 활기찬 삶을 유지하는 데 크게 기여한다. 이를 위해서는 자신의 경력과 경험을 되돌아보고, 그동안 미뤄둔 관심사를 탐색하며, 사회적 기여와 개인적 성취를 함께 고려하는 것이 필요하다. 이처럼 자신만의 역할을 주도적으로 찾아갈 때, 은퇴 후의 삶은 새로운 기회와 도전으로 가득 찬 풍요로운 시간이 될 것이다.

경력, 경험을 활용한 새로운 가치 창출

은퇴는 더 이상 단순한 휴식이나 일의 끝이 아니다. 오히려 오랜 세월 쌓아온 경력과 경험을 바탕으로 새로운 가치를 창출할 기회다. 은퇴 전까지의 경력과 전문성을 활용해 제2의 인생에서 또 다른 성취를 이룰 수 있으며, 이는 개인적인 성장뿐만 아니라 사회적으로도 중요한 역할을 할 기회가 된다.

우선, **경력과 경험은 은퇴 후에도 강력한 자산으로 작용한다.** 오랜 시간 동안 쌓아온 직업적 전문성과 다양한 경험은 후배들에게는 중요한 배움의 원천이 될 수 있다. 이를 활용해 은퇴 후에도 컨설팅, 멘토링, 강의 등의 활동을 할 수 있다. 예를 들어, 특정 분야에서 수십 년간 쌓아온 전문 지식은 이제 막 그 분야에 입문한 사람들에게 큰 도움이 될 수 있다. 이를 바탕으로 기업 컨설턴트나 강사로 활동하면 자신이 축적해온 지식과 노하우를 전달하면서도 경제적 보상을 얻을 수 있다. 경력과 경험이 단순히 지나간 시간이 아니라, 다른 사람들에게 새로운 기회를 제공하는 중요한 자원이 되는 것이다.

또한, **경력을 기반으로 새로운 분야에 도전해 가치를 창출할 수도**

있다. 은퇴 전까지 일했던 분야와 관련된 새로운 사업을 시작하거나, 창업을 통해 자신만의 비즈니스를 만들어 갈 수 있다. 특히 은퇴자들이 자주 선택하는 분야는 자영업, 창업, 또는 프리랜서 형태의 일이다. 이런 경우 은퇴 전의 경력을 기반으로 더 유연하고 자유로운 방식으로 일할 수 있다. 이를 통해 자신의 경험을 새로운 형태로 발전시키고, 은퇴 후에도 지속적인 성취감을 느낄 수 있다.

한편, **은퇴 후 경력과 경험을 바탕으로 사회적 가치를 창출하는 방법도 많다.** 자원봉사나 비영리 단체에서 활동하며 자신이 가진 능력을 사회에 환원하는 것이 그 예다. 특히 경영, 법률, 교육, 기술 등 특정 분야에서 쌓아온 전문성은 지역사회나 단체에서 매우 귀중한 자원이 될 수 있다. 예를 들어, 비영리 단체의 운영을 돕거나, 청소년 멘토링 프로그램에 참여해 자신의 경험을 나누는 것은 사회적 기여를 통한 가치 창출의 좋은 사례다. 이는 단순히 자원봉사의 의미를 넘어서, 자신의 경험을 통해 다른 사람들의 삶에 긍정적인 영향을 미치는 활동이 될 수 있다.

경력과 경험을 활용하는 또 다른 방식은 자신의 지식을 콘텐츠로 만들어 널리 공유하는 것이다. 은퇴자들은 자신의 이야기를 책으로 출판하거나, 블로그, 유튜브 같은 디지털 플랫폼을 통해 경험을 공유하는 활동을 점점 더 많이 하고 있다. 이러한 콘텐츠는 은퇴자의 지혜와 통찰을 많은 사람에게 전달할 수 있는 좋은 수단이 된다. 예를 들어, 경력을 바탕으로 특정 직업에 대한 조언이나 경영 노하우, 인생의 교훈 등을 글이나 영상으로 남기는 것은 후배 세대에게 중요한 지침이 될 수 있다. 이러한 방식으로 경력과 경험이 더 넓은 사람들에게 공유될 때, 그 가치는 더욱 커진다.

마지막으로, **경력과 경험을 활용해 다른 은퇴자들과의 네트워크를 구축하는 것도 중요하다.** 같은 길을 걸어온 사람들과의 교류를 통해 서로의 지혜와 경험을 나눌 수 있다. 이런 네트워크는 단순한 친목 활동을 넘어서, 서로에게 영감을 주고 새로운 기회를 제공하는 중요한 역할을 한다. 예를 들어, 은퇴자들끼리의 협업을 통해 공동 프로젝트를 진행하거나, 자신이 잘 모르는 새로운 분야에 도전할 때 경험 많은 동료들의 조언을 얻는 것도 가능하다. 이러한 관계망은 은퇴 후에도 지속적으로 성장할 수 있는 중요한 자원이 된다.

　은퇴는 경력과 경험을 바탕으로 새로운 가치를 창출할 수 있는 중요한 시기다. 단순히 과거의 성취를 뒤로하고 쉼을 찾는 것이 아니라, 그동안 쌓아온 자산을 바탕으로 새로운 기회를 모색하는 것이 필요하다. 자신만의 전문성을 살려 다른 사람들에게 도움을 주거나, 새로운 사업을 시작해 경제적 성취를 이루거나, 사회에 기여하며 더 큰 의미를 찾는 등 경력과 경험을 활용하는 방법은 다양하다. 이처럼 경력과 경험을 효과적으로 활용하면, 은퇴 후의 삶은 더욱 풍요롭고 의미 있는 시간이 될 것이다.

【은퇴자의 경력 및 경험 강/약점 진단 서식 예시】

항목	세부 내용	강점	약점	개선/보완계획
직무 경험	주요 경력(직무성과, 책임자 역할 등)			
	경력의 전문성(특정 분야/산업 지식)			
	다양한 직무 또는 산업 경험			
	리더십 경험(관리자/팀장 역할)			
	위기관리 및 문제 해결 경험			
기술 역량	디지털 기술활용 능력(소프트웨어, AI 등)			
	최신 기술트렌드 이해 (디지털 전환, AI, 빅데이터 등)			
	데이터 분석 및 처리능력			
	정보검색 및 정리능력			
교육 및 멘토링 경험	후배 양성 및 멘토링 경험(강의, 자문 등)			
	교육프로그램 운영 경험			
	후배/신입 교육 및 트레이닝 경험			
사회적 네트워크	직장 인맥 관리(업계/직장 네트워크 유지)			
	동료 및 후배와의 협업 경험			
	은퇴 후 활용할 수 있는 인맥 (컨설팅/조언 등)			
	동호회, 커뮤니티 활동 경험			
사업/창업능력	사업기획 및 운영 경험			
	예산관리 및 재정계획 수립 경험			
	마케팅 및 홍보 능력			
커뮤니케이션 능력	대인관계 및 의사소통 능력 (상사, 동료, 부하직원과의 소통 능력)			
	문서 작성 및 발표 능력			
	온라인콘텐츠 제작/활용(블로그, 유튜브)			
적응력 및 학습 능력	새로운 기술 및 변화에 대한 적응력			
	새로운 분야에 도전하는 능력 (창업, 프리랜서 활동)			
	평생학습을 통한 자기계발 의지			
사회적 기여 경험	자원봉사, 비영리단체 활동 경험			
	지역사회에서의 기여 활동(멘토링, 자문)			

나만의 은퇴 후 비전 설계

은퇴 후에도 삶의 의미와 목표를 찾기 위해서는 명확한 비전 설계가 필수적이다. 나만의 은퇴 후 비전을 세우는 것은 단순히 시간을 보내는 활동 계획을 넘어서, 앞으로의 삶을 어떻게 살아갈 것인지에 대한 큰 그림을 그리는 과정이다. 이 비전은 은퇴 후의 삶을 더욱 의미 있고 보람 있게 만들며 삶의 방향을 명확하게 잡아줄 수 있다.

먼저, 나만의 은퇴 후 비전을 설계하기 위해서는 자신이 진정으로 중요하게 여기는 가치와 목표를 명확히 해야 한다. 은퇴는 직장에서의 역할이 끝나는 것이지만 삶의 의미를 새롭게 정의할 기회다. 이를 위해서는 자신의 과거 경험을 되돌아보고, 앞으로 어떤 삶을 살고 싶은지 깊이 고민해야 한다. 과거 직장에서 달성하고자 했던 목표나 성취와는 다른, 보다 개인적이고 내면적인 목표를 설정하는 것이 중요하다. 예를 들어, 물질적 성공보다는 가족과의 시간, 건강한 삶, 혹은 사회적 기여와 같은 가치를 중시할 수 있다.

두 번째로, 비전 설계를 위해 자신의 강점과 열정을 파악하는 것이 필요하다. 은퇴 후에도 삶에 활력을 주기 위해서는 자신이 좋아하고 잘

할 수 있는 활동을 선택하는 것이 중요하다. 은퇴 전까지 쌓아온 전문 지식과 경험은 물론, 평생 관심을 가졌던 분야나 취미를 고려할 수 있다. 이를 통해 은퇴 후에도 자신만의 전문성을 유지하면서 즐거움을 느낄 수 있는 활동을 계획할 수 있다. 예를 들어, 평생 경영에 종사한 사람이라면 컨설팅이나 멘토링을 통해 후배들에게 자신의 경험을 나눌 수 있다. 혹은 예술에 관심이 있던 사람이라면 그림을 그리거나 음악을 배우는 새로운 도전을 통해 성취감을 느낄 수 있다.

셋째, 현실적인 계획을 세우는 것도 비전 설계의 중요한 부분이다. 아무리 큰 꿈과 목표가 있더라도 현실적인 기반이 없으면 이루기 어렵다. 이를 위해 재정적, 시간적, 그리고 신체적 상황을 고려한 구체적인 계획이 필요하다. 예를 들어, 은퇴 후에 여행을 많이 하고 싶다면, 그에 맞는 재정 계획과 건강 관리 계획을 미리 세워야 한다. 또한, 새로운 기술을 배우거나 자격증을 취득하는 등 실질적인 준비 과정이 필요할 수도 있다. 이러한 현실적인 기반을 마련함으로써 비전이 단순한 꿈에 그치지 않고 실현 가능한 목표로 자리 잡게 된다.

넷째, 은퇴 후 비전을 설계할 때는 유연성을 유지하는 것도 중요하다. 인생은 언제나 예측할 수 없는 변화를 겪기 마련이며, 은퇴 후에도 새로운 기회나 도전이 나타날 수 있다. 따라서 너무 구체적이고 경직된 계획을 세우기보다는 변화에 유연하게 대응할 수 있는 여유를 남겨두는 것이 좋다. 예를 들어, 처음에는 자원봉사 활동에 전념하고 싶었지만 시간이 지나면서 더 큰 프로젝트나 창업의 기회를 발견할 수도 있다. 이럴 때 유연한 사고와 적응력을 발휘해 새로운 가능성에 도전할 수 있는 태도를 가지는 것이 중요하다.

다섯째, 비전을 설계할 때 주변 사람들과의 관계를 고려하는 것도 필수적이다. 가족, 친구, 지역사회와의 관계는 은퇴 후 삶의 중요한 요소다. 특히, 은퇴 후에는 가족과의 시간이 많아지므로, 함께할 활동이나 관계를 더욱 돈독히 할 수 있는 방법을 고민해 보는 것이 좋다. 또한, 지역사회나 동호회, 자원봉사 단체 등에서 새로운 인간관계를 형성하고, 그 속에서 자신의 비전을 실현할 기회를 찾는 것도 좋은 방법이다. 이러한 관계들은 은퇴 후 고립감에서 벗어나, 보다 활기차고 의미 있는 삶을 사는 데 큰 도움을 줄 것이다.

나만의 은퇴 후 비전 설계는 단순한 계획 수립이 아니라, 삶의 방향을 설정하고 그것을 실현하기 위한 구체적인 방법을 찾는 과정이다. 자신의 가치를 명확히 하고, 강점과 열정을 바탕으로 현실적인 계획을 세우며, 유연성을 갖춘 비전을 설정하면, 은퇴 후에도 풍요롭고 의미 있는 삶을 이어갈 수 있다. 은퇴는 끝이 아니라 새로운 시작이며, 자신만의 비전을 통해 제2의 인생을 주도적으로 설계해 나갈 수 있다.

【은퇴자의 '나만의 비전 설계' 작성 예시】

항목	세부 내용	목표 설정 (○/×)	구체적 계획 및 실행 방안
개인적인 가치와 목표	은퇴 후 가장 중요한 가치: 가족, 건강, 사회적 기여	○	가족과의 시간 확충, 건강 유지 위한 운동 계획 수립
	새로운 도전 또는 성취 목표: 자격증 취득 및 여행	○	취미 관련 자격증(사진) 취득, 1년간 2회 해외여행
	취미활동: 사진, 등산, 악기 연주	○	사진 동호회 가입, 주 2회 등산, 기타 배우기
사회적 기여 목표	자원봉사: 청소년 멘토링 프로그램 참여	○	지역 청소년 센터에서 자원봉사 주 1회
	멘토링/강의: 경영 컨설팅 제공	○	경력 활용해 중소기업 대상 컨설팅 주 1회
재정적 목표	경제적 목표: 은퇴 후 추가 소득 창출	○	투자 포트폴리오 점검, 연금 및 자산 관리 정기 점검
	창업/프리랜서: 컨설팅, 온라인 강의	○	은퇴 후 1년 내 온라인 컨설팅 사업 시작
	생활비 충당 방안: 연금 및 투자 관리	○	연금 수령 시기 조정 및 투자 수익 정기 점검
배움과 성장 목표	새로운 기술/지식 습득: 디지털 마케팅 교육	○	온라인 강의 수강 (디지털 마케팅, SNS 활용법)
	개인적 성장: 악기 연주 및 외국어 배우기	○	기타 배우기 주 1회, 매일 영어 회화 연습
사회적 관계 확장	동호회/커뮤니티 참여: 사진 동호회, 등산 모임 참여	○	사진 동호회 월 2회 모임, 등산 모임 월 1회 참석
	새로운 네트워크 형성: 은퇴자 모임, 온라인 커뮤니티	○	은퇴자 모임 가입 및 참여, 온라인 커뮤니티 활동
가족 관계 목표	가족과의 시간: 배우자와의 여행, 자녀와의 시간	○	매월 가족 식사, 분기별로 가족과 여행 계획
	손주와의 유대 강화: 손주 교육 및 여가 활동	○	주 1회 손주와 여가 활동, 교육적 활동 계획

03

디지털과 AI 시대,
빠르게 변화하는 환경 속에서의 은퇴

기술 변화와 직업 세계의 급변

디지털 혁명과 기술의 급속한 발전은 우리가 일하고 살아가는 방식을 근본적으로 변화시키고 있다. 20세기 중반까지만 해도 직업의 형태는 주로 제조업, 서비스업 중심의 고정된 형태를 유지했다. 그러나 21세기에 들어서면서 정보통신기술(ICT), 인공지능(AI), 빅데이터, 사물인터넷(IoT) 등 다양한 첨단기술이 도입되며 직업 세계는 빠르게 변하고 있다. 이러한 변화는 정년과 은퇴 이후의 삶에도 큰 영향을 미치고 있다.

먼저, 기술 발전은 많은 전통적인 일자리를 대체하고 있다. 자동화와 AI의 발전으로 인해 단순한 육체노동이나 반복적인 업무는 기계가 사람을 대신하는 경우가 많아졌다. 제조업에서 일하던 많은 직업들이 로봇과 자동화 설비로 대체되고 있으며 금융, 회계, 법률 등 전문직 분야에서도 AI가 인간의 역할을 상당 부분 대신하고 있다. 이에 따라 과거에는 정년까지 안정적으로 유지되던 직업이 사라지거나 그 형태가 변화하면서 은퇴를 앞둔 세대에게도 새로운 도전이 되고 있다.

이와 함께, 기술의 발전은 새로운 일자리를 창출하는 긍정적인 변화도 일으키고 있다. 디지털 기술의 확산으로 소프트웨어 개발자, 데이터

과학자, AI 전문가 등 IT와 관련된 새로운 직업들이 빠르게 증가하고 있다. 이는 단순한 청년 세대만의 기회가 아니라 은퇴를 앞둔 세대에게도 새로운 가능성을 제시한다. 예를 들어, 기술 분야에서 경력을 쌓은 사람들은 은퇴 후에도 컨설팅이나 프리랜서로 활동하며 자신의 전문성을 계속 활용할 수 있다. 또한, IT 기술을 이해하고 이를 활용할 수 있는 능력이 있다면 디지털 플랫폼에서의 사업 기회도 모색할 수 있다.

디지털 전환은 일의 방식도 크게 바꾸고 있다. 과거에는 사무실에서 근무하는 것이 일반적이었지만, 지금은 원격 근무, 재택근무, 디지털 노마드와 같은 새로운 근무 형태가 보편화되고 있다. 이는 은퇴 후에도 자신만의 시간과 공간에서 일할 수 있는 다양한 가능성을 제공한다. 특히, 디지털 기술을 활용한 온라인 교육, 컨설팅, 콘텐츠 창작 등은 은퇴 후에도 유연하게 일할 기회를 넓혀준다. 은퇴자들은 과거 직장에서 쌓은 전문 지식과 경험을 디지털 플랫폼을 통해 전파하거나, 다양한 프로젝트에 참여함으로써 경제적 수입을 지속할 수 있다.

기술 변화에 따라 직업 세계의 요구 사항도 빠르게 변하고 있다. 과거에는 직장에서 일정한 기술을 습득하고 그 기술을 오랫동안 사용하며 일을 했다면, 이제는 끊임없이 새로운 기술을 배우고 적응하는 능력이 중요해졌다. 특히 디지털 기술의 발전 속도가 빠르기 때문에 은퇴를 앞둔 세대에게도 기술 학습의 중요성이 점점 커지고 있다. 새로운 소프트웨어, 디지털 도구, AI 기술을 이해하고 활용할 수 있는 능력이 있다면, 변화하는 직업 세계 속에서도 충분히 경쟁력을 유지할 수 있다. 이는 단순히 직업적인 필요를 넘어서 은퇴 후의 삶을 더욱 활기차고 의미 있게 만들어 주는 중요한 요소가 된다.

그러나 모든 사람이 기술 변화에 쉽게 적응할 수 있는 것은 아니다. 특히, 은퇴를 앞둔 세대는 기술 발전에 대한 두려움과 불안감을 느끼기 쉽다. 디지털 기술이 낯설거나 복잡하게 느껴질 수 있고, 새로운 기술을 배우는 것이 어렵게 다가올 수도 있다. 하지만 기술에 대한 거부감을 버리고 학습과 적응을 통해 새로운 환경에 도전하는 자세가 필요하다. 디지털 리터러시(디지털 기술 이해 능력)를 높이고, 기본적인 컴퓨터 활용 능력을 습득하면 기술 변화에 대한 두려움은 크게 줄어들고, 은퇴 후에도 다양한 기회를 얻을 수 있다.

　기술 변화와 직업 세계의 급변은 은퇴를 앞둔 사람들에게도 피할 수 없는 현실이다. 그러나 이러한 변화는 위기일 뿐만 아니라 새로운 기회이기도 하다. 기술에 대한 이해와 적응력을 키우고, 새로운 직업 세계의 변화를 받아들인다면 은퇴 후에도 여전히 생산적이고 의미 있는 활동을 이어갈 수 있다.

디지털 전환과 그에 따른 기회와 도전

디지털 전환(Digital Transformation)은 모든 산업과 일상생활에 걸쳐 거대한 변화를 일으키고 있다. 이는 단순한 기술 변화에 그치지 않고 우리가 일하고 소통하며 살아가는 방식을 근본적으로 바꾸고 있다. 이러한 변화는 특히 은퇴를 앞둔 세대에게 도전과 기회를 동시에 제공한다. 디지털 전환의 흐름 속에서 새로운 가능성을 탐색하고, 변화에 적응하는 능력을 키우는 것은 은퇴 후의 삶을 더욱 풍요롭게 만들 수 있는 중요한 요소다.

디지털 전환은 기존의 비즈니스 모델을 혁신하고 있다. 전통적으로 오프라인에서 이루어졌던 많은 산업이 이제는 온라인으로 전환되며 새로운 방식으로 운영되고 있다. 예를 들어, 은행 업무, 쇼핑, 교육, 의료 서비스 등이 모두 디지털 플랫폼을 통해 이루어지고 있다. 이러한 변화는 은퇴 후에도 다양한 서비스를 더욱 쉽게 이용할 수 있는 환경을 제공하며, 특히 시간과 공간의 제약에서 벗어나 유연하게 활동할 기회를 제공한다. 이는 은퇴자들이 자유롭게 여행을 하면서도 업무나 금융 관리를 이어갈 수 있는 새로운 가능성을 열어준다.

디지털 전환은 또한 새로운 일자리를 창출하고 있다. 예를 들어, 온라인 콘텐츠 제작, 소셜 미디어 관리, 데이터 분석, 전자상거래 등은 디지털 환경에서 급격히 성장한 분야들이다. 은퇴자들은 이러한 기회를 활용해 자신의 경험과 전문성을 새로운 방식으로 적용할 수 있다. 과거에는 직접 사람들과 대면하여 이루어지던 컨설팅, 강의, 멘토링 등의 활동이 이제는 온라인 플랫폼을 통해 전 세계 사람들과 소통하며 이루어질 수 있다. 이를 통해 은퇴 후에도 경제적 수입을 창출하고, 사회에 기여하는 다양한 기회를 얻을 수 있다.

하지만 **디지털 전환은 동시에 도전을 의미하기도 한다.** 빠르게 변화하는 기술 환경에 적응하는 것은 결코 쉬운 일이 아니다. 특히 디지털 기술에 익숙하지 않은 세대에게는 이러한 변화가 낯설고 어렵게 느껴질 수 있다. 새로운 소프트웨어나 플랫폼을 익히는 데 시간이 걸리고, 기술적 불안감이나 실패에 대한 두려움이 커질 수 있다. 그러나 디지털 전환에 뒤처지지 않기 위해서는 이러한 두려움을 극복하고, 적극적으로 새로운 기술을 배우는 자세가 필요하다. 은퇴 후에도 디지털 기술을 활용해 새로운 분야에서 활동하기 위해서는 지속적인 학습과 자기계발이 필수적이다.

또한, **디지털 전환이 가져오는 새로운 도전 중 하나는 개인정보 보호와 사이버 보안 문제다.** 은퇴자들은 상대적으로 디지털 환경에서의 위험을 인지하는 데 익숙하지 않기 때문에, 피싱 사기나 개인 정보 유출과 같은 위협에 쉽게 노출될 수 있다. 따라서 디지털 환경에서 안전하게 활동하기 위한 기본적인 보안 지식과 기술을 익히는 것이 중요하다. 이를 통해 은퇴자들도 안심하고 디지털 환경에서 다양한 기회를 활용할 수 있다.

디지털 전환의 또 다른 중요한 측면은 평생학습의 필요성이다. 디지털 기술은 지속적으로 발전하고 변화하고 있기 때문에, 특정 기술을 한 번 배운다고 해서 그 지식이 영원히 유효하지 않다. 은퇴 후에도 새로운 기술을 배우고, 변화하는 트렌드에 맞춰 자신의 역량을 업데이트해야 한다. 다행히도 오늘날에는 온라인 강의, 유튜브, MOOC(Massive Open Online Courses) 등 다양한 플랫폼을 통해 언제 어디서나 학습할 기회가 주어진다. 은퇴자들은 이러한 자원을 활용해 자신에게 필요한 기술을 배우고, 변화하는 디지털 환경에 적응할 수 있다.

디지털 전환은 일하는 방식뿐만 아니라 여가와 인간관계에도 큰 영향을 미치고 있다. 과거에는 은퇴 후의 여가 활동이 주로 직접적인 만남과 오프라인에서 이루어졌다면, 이제는 온라인 커뮤니티와 소셜 네트워크를 통해 새로운 관계를 맺고 소통할 수 있다. 은퇴자들도 자신의 관심사에 맞는 온라인 동호회나 커뮤니티에 참여해 다양한 사람들과 교류하고 서로의 경험과 지식을 나눌 수 있다. 이는 은퇴 후의 고립감을 줄이고 사회적 유대감을 유지하는 데 중요한 역할을 한다.

디지털 전환은 은퇴자들에게 새로운 도전과 기회를 동시에 제공한다. 기술의 발전에 따라 우리는 일하는 방식, 소통하는 방식, 그리고 여가를 즐기는 방식에서 많은 변화를 경험하고 있다. 이러한 변화에 적응하고, 새로운 기술을 배우며, 이를 활용해 자신만의 가치를 창출하는 것은 은퇴 후의 삶을 더욱 풍요롭고 의미 있게 만들 수 있는 중요한 과정이다. 디지털 전환의 시대에서 성공적인 은퇴를 위해서는 변화를 두려워하지 않고, 끊임없이 배워가는 자세가 필요하다.

AI 시대에 필요한 새로운 역량

인공지능(AI) 기술은 빠르게 발전하며 우리가 일하고 생활하는 방식을 근본적으로 변화시키고 있다. AI는 단순한 자동화를 넘어, 데이터 분석, 의사결정 지원, 창의적 작업 등 인간의 많은 역할을 대신하거나 보완하고 있다. 이런 AI 시대에 적응하고 성공적으로 살아가기 위해서는 새로운 역량이 필수적이다. 은퇴 후에도 AI 시대의 변화에 능동적으로 대처하기 위해서는 다음과 같은 역량을 갖추는 것이 중요하다.

첫째, 디지털 리터러시는 AI 시대에서 가장 기본이 되는 역량이다. 디지털 리터러시는 단순히 컴퓨터를 사용하고 인터넷을 이용할 수 있는 능력 이상을 의미한다. AI와 관련된 기술을 이해하고 이를 일상생활이나 업무에 어떻게 활용할 수 있을지를 아는 것이 핵심이다. AI가 어떤 방식으로 데이터를 처리하고 의사결정을 돕는지에 대한 기초적인 이해는 AI 기술을 활용하는 데 큰 도움이 된다. 예를 들어, AI 기반의 온라인 도구나 플랫폼을 활용해 효율적으로 작업하거나, AI가 제공하는 예측과 분석 결과를 바탕으로 더 나은 의사결정을 내릴 수 있다.

둘째, 데이터 분석 능력은 AI 시대에서 중요한 경쟁력이 된다. AI는 방대한 양의 데이터를 수집하고 분석해 유용한 정보를 도출하는데, 이를 제대로 활용하기 위해서는 데이터에 대한 이해가 필수적이다. 단순한 숫자나 그래프를 넘어서, 데이터를 해석하고 그 의미를 파악하는 능력이 요구된다. 은퇴 후에도 AI와 데이터를 활용해 새로운 비즈니스 기회를 모색하거나, 다양한 사회 활동에 참여할 수 있다. 예를 들어, 투자나 재정 관리에서 AI 도구를 이용해 데이터를 분석하고, 이를 통해 더 나은 재정적 결정을 내리는 것이 가능하다.

셋째, 문제 해결 능력과 비판적 사고는 AI 시대에 더욱 중요해진 역량이다. AI는 많은 정보를 제공하고 예측할 수 있지만, 최종적인 판단과 결정을 내리는 것은 여전히 인간의 몫이다. 따라서 AI가 제공하는 데이터를 맹목적으로 따르기보다, 그 데이터를 비판적으로 분석하고 상황에 맞는 최적의 결정을 내리는 능력이 필요하다. 특히 은퇴 후 창업이나 프리랜서로 활동하는 경우, AI가 제공하는 도구를 활용하되, 창의적인 해결책을 도출하는 능력이 성공의 중요한 열쇠가 될 수 있다.

넷째, 소통 능력은 AI 시대에도 여전히 중요한 인간의 역량이다. AI가 자동화와 데이터 처리를 담당하지만, 인간 간의 소통과 협업은 더욱 강조되고 있다. 특히 다양한 세대가 공존하는 직업 환경에서 AI에 대한 이해와 활용 방법을 서로 공유하고 협력하는 능력은 필수적이다. 은퇴 후에도 AI 기술을 활용하는 젊은 세대와 협력하거나, 자신의 경험을 AI 도구와 결합해 새로운 아이디어를 제안하는 능력은 은퇴자들이 AI 시대에서도 중요한 역할을 맡을 기회를 제공한다.

다섯째, 적응력과 유연성은 AI 시대에서 성공적인 은퇴 후 삶을 영위하기 위한 필수 역량이다. 기술은 끊임없이 변화하고 있으며, 오늘날 사용하는 AI 기술도 내일이면 더 발전된 버전으로 대체될 수 있다. 따라서 새로운 기술과 도구에 적응하고, 변화에 맞춰 자신의 기술을 계속해서 업그레이드할 수 있는 유연한 태도가 필요하다. AI 시대는 정해진 스킬셋만으로는 대응할 수 없는 환경이므로, 은퇴 후에도 평생학습의 자세를 유지하며 새로운 지식을 받아들여야 한다.

마지막으로, 감성 지능(Emotional Intelligence)은 AI 시대에서 인간이 가질 수 있는 고유한 경쟁력이다. AI는 데이터를 처리하고 논리적인 결정을 내릴 수 있지만, 인간의 감정과 동기, 사회적 맥락을 이해하는 데는 한계가 있다. 따라서 AI가 할 수 없는 인간적인 접촉과 감정적 공감을 제공할 수 있는 능력은 더욱 가치 있게 평가될 것이다. 은퇴 후에도 자원봉사, 멘토링, 교육 등에서 자신의 경험을 바탕으로 타인과의 감성적 교류를 이어가는 활동은 AI 시대에서 더욱 중요한 역할을 할 수 있다.

AI 시대에 필요한 역량은 디지털 기술을 이해하고 활용하는 기본적인 능력뿐만 아니라, 비판적 사고, 문제 해결, 소통, 적응력 등 인간적인 능력을 강화하는 데 있다. AI가 아무리 발전하더라도 인간이 가진 고유의 창의성과 감성은 대체될 수 없기 때문에, 이러한 역량을 키우고 발전시키는 것이 AI 시대에서 성공적인 은퇴 후 삶을 영위하는 중요한 전략이 될 것이다. AI 기술을 두려워하지 말고, 그것을 적극적으로 활용하며 새로운 기회를 창출하는 것이 은퇴 후에도 의미 있고 풍요로운 삶을 살아가는 비결이다.

【AI시대에 필요한 역량과 제고 방안】

역량	설명	생성형 AI 활용 제고 방안
디지털 리터러시	AI와 관련된 기술 이해, 이를 일상생활이나 업무에 활용하는 능력	생성형 AI 도구를 사용해 블로그 글쓰기, 이미지 생성 등 간단한 작업을 시도하며 디지털 기술에 대한 이해를 높임 온라인 강의나 자습을 통해 AI 관련 기초 지식을 습득
데이터 분석 능력	데이터를 해석하고 의미를 파악하여 의사 결정에 반영하는 능력	AI 도구로 제공되는 데이터 분석 기능(예: 재정 관리, 투자 분석 툴)을 활용해 실생활에 적용. Excel, AI 기반 분석 프로그램 등에서 제공하는 데이터를 활용한 시뮬레이션 학습
문제 해결 능력 및 비판적 사고	AI가 제공하는 정보를 비판적으로 분석하고 상황에 맞는 해결책을 도출하는 능력	AI의 제안 또는 예측 결과를 검토하고, 스스로 분석하여 다른 관점을 추가하는 방식으로 비판적 사고를 연습 AI의 제한사항을 인식하고, 인간적 판단으로 보완하는 실습을 통해 문제 해결 능력 강화
소통 능력	AI와 함께 일하면서 다양한 세대와 협업하고, 협력을 통해 AI 기술을 효율적으로 활용하는 능력	AI 생성 콘텐츠(예: 글, 이미지)를 이용해 세대 간의 공통 관심사를 찾고 소통을 촉진 AI를 통한 자동 번역, 협업 툴을 사용해 여러 세대와의 공동 프로젝트를 실행하며 소통 능력 강화
적응력 및 유연성	끊임없이 변화하는 AI 기술에 적응하고, 새로운 도구와 기술을 지속적으로 습득하는 능력	새로운 AI 도구나 프로그램을 빠르게 학습하고 적용하는 연습 생성형 AI를 통한 새로운 기술 동향 모니터링과 활용법을 주기적으로 업데이트하며 변화에 대응
감성 지능	AI가 대체할 수 없는 인간적 감정과 공감을 제공하는 능력	AI가 분석한 데이터로 타인의 감정을 이해하고 공감하는 데 도움을 주며, 자원봉사나 멘토링에서 감성 지능을 활용해 AI의 한계를 보완하는 활동을 촉진

적응력과 학습능력으로 은퇴 후에도 도약하라!

　디지털과 AI 시대의 빠른 변화 속에서 은퇴 후에도 성공적으로 도약하려면 적응력과 학습능력은 필수적이다. 기술이 급속도로 발전하고 직업 세계가 빠르게 재편되는 시대에서, 변화에 유연하게 대응하고 새로운 기술을 배우는 능력은 지속적인 성장을 가능하게 한다. 은퇴 후의 삶을 더욱 풍요롭게 만들기 위해서는 이러한 두 가지 역량을 키우고 활용할 수 있어야 한다.

　적응력은 새로운 환경에 빠르게 적응하는 능력을 의미한다. 기술 변화와 디지털 전환이 가속화되면서 은퇴자들도 자신이 익숙했던 환경에서 벗어나 새로운 도구와 방식을 받아들여야 한다. 과거에는 종신고용과 안정적인 직장이 있었지만, 이제는 기술 발전으로 인해 직업 자체가 사라지거나 변형되는 경우가 많다. 따라서, 정해진 틀에 갇히지 않고 변화하는 환경 속에서 자신의 역량을 발휘할 수 있는 새로운 길을 모색하는 것이 중요하다. 예를 들어, 디지털 플랫폼을 통한 창업, 프리랜서 활동, 또는 온라인 강의를 통한 전문 지식의 전파 등 다양한 경로로 자신을 재정립할 수 있다.

적응력은 단지 기술에 대한 적응만을 의미하지 않는다. 새로운 사회적 역할에도 적응할 수 있어야 한다. 은퇴 후에는 직장에서의 역할이 끝나지만, 지역사회나 가족 내에서의 역할은 더욱 확대될 수 있다. 자원봉사, 멘토링, 사회적 기여 활동 등 새로운 역할을 수용하고 이를 통해 의미 있는 활동을 이어가는 것이 중요하다. 이를 위해서는 자신이 가진 경험과 지식을 다시금 평가하고, 이를 어떻게 새로운 환경에서 활용할 수 있을지 고민해야 한다. 변화에 적응하고 새로운 기회를 찾아내는 능력은 은퇴 후에도 활기차고 보람찬 삶을 사는 데 중요한 요소다.

학습능력은 디지털과 AI 시대에서 더욱 중요한 역량으로 자리 잡고 있다. 과거에는 한 번 익힌 기술이나 지식을 오랫동안 사용할 수 있었지만, 이제는 지속적인 학습이 필수가 되었다. 새로운 기술이 빠르게 도입되고, 기존의 방법론이 더 이상 유효하지 않게 되는 경우가 많기 때문에 은퇴 후에도 끊임없이 배워야 한다. 학습은 더 이상 젊은 세대의 전유물이 아니라 모든 연령대에서 요구되는 생존 전략이 되었다.

특히, 은퇴 후에도 디지털 리터러시를 꾸준히 강화하는 것이 중요하다. 디지털 도구와 AI 기반 기술이 점차 일상생활의 필수 요소가 되어가고 있기 때문에, 이를 이해하고 활용하는 능력이 요구된다. 스마트폰, 컴퓨터, 소셜 미디어 등을 통해 새로운 정보에 접근하고, 디지털 기술을 적극적으로 활용하면 은퇴 후에도 사회와의 연결을 유지할 수 있다. 온라인 강의, MOOC(Massive Open Online Courses), 유튜브 등 다양한 학습 자원을 활용해 새로운 지식을 습득하고, 이를 자신의 삶에 적용하는 것은 은퇴 후에도 계속 성장하는 방법이다.

또한, 학습능력은 자기계발을 통해 스스로 성장하는 데 중요한 역할을 한다. 새로운 취미를 배우거나, 그동안 관심 있었던 분야에 도전하는 것은 은퇴 후 삶에 활력을 불어넣어 준다. 예를 들어, 새로운 언어를 배우거나, 악기를 연주하거나, 사진이나 요리 같은 창의적인 활동에 도전할 수 있다. 이러한 활동은 단순한 여가를 넘어서, 자신을 성장시키고 삶의 만족도를 높이는 데 큰 도움이 된다.

적응력과 학습능력은 은퇴 후에도 도약할 수 있는 두 축이다. 유연한 사고와 배움에 대한 열린 자세는 빠르게 변화하는 시대에 꼭 필요한 덕목이다. 기술 발전에 대한 두려움을 극복하고, 새로운 것에 도전하는 태도를 가질 때, 은퇴 후의 삶은 단순한 휴식이 아니라 또 다른 성취와 기회로 가득 찰 수 있다. 변화는 두려운 것이 아니라 성장의 기회다. 끊임없이 배우고 변화에 적응할 준비를 한다면, 은퇴 후에도 계속해서 도약하고, 새로운 삶의 가치를 창출할 수 있다.

04

심리적 준비 :
은퇴 후 삶을 긍정적으로 바라보는 법

은퇴 전후의 심리적 변화 이해하기

　은퇴는 인생에서 큰 전환점이자 심리적으로도 큰 변화를 가져오는 시기다. 오랫동안 몸담아 온 직장을 떠나고 익숙했던 일상에서 벗어나는 과정에서 사람들은 다양한 감정을 경험하게 된다. 이러한 변화는 긍정적인 면도 있지만, 동시에 심리적인 불안감과 혼란을 야기할 수 있다. 은퇴 전후에 발생하는 심리적 변화를 이해하는 것은 은퇴 후 삶을 더 건강하고 긍정적으로 살아가기 위한 첫걸음이다.

　먼저, 은퇴 전후의 심리적 변화 중 가장 흔한 것은 정체성의 변화다. 직장에서의 역할과 책임이 오랜 시간 동안 자신의 정체성을 형성해 왔다면, 은퇴는 그 정체성이 사라지는 순간으로 다가온다. 직업을 통해 얻었던 자아감과 성취감이 사라지면서 "내가 누구인가?"라는 질문을 하게 된다. 사회적으로 성공적이고 바쁘게 지내던 사람일수록 이러한 정체성 상실감은 더 크다. 특히 자신이 사회적으로 기여하고 있다는 감각이 사라질 때, 자존감이 낮아지고 공허함을 느낄 수 있다.

　또한, **일상의 구조와 리듬이 변하는 것도 심리적 영향을 미친다.** 은퇴 전에는 매일 정해진 시간에 출근하고 일정한 업무를 수행하며 규칙적인 생활을 했다면, 은퇴 후에는 갑작스럽게 시간적 여유가 주어진다. 처음에는 이러한 자유로운 시간이 달콤할 수 있지만, 시간이 지날수록 일상에 목적이나 방향이 없다는 느낌이 들기 시작한다. 규칙적이고 생산적인 활동이 사라지면 무기력감이 생기기 쉬우며, 이는 우울감으로 이어질 수 있다.

사회적 관계의 변화도 중요한 심리적 변화 요인이다. 직장 동료들과의 관계는 오랜 기간 형성된 중요한 사회적 네트워크였다. 하지만 은퇴 후에는 이러한 관계들이 자연스럽게 줄어들거나 단절될 수 있다. 직장에서의 자주 보던 사람들과의 접촉이 줄어들면서 고립감을 느끼게 되고, 그로 인해 외로움과 상실감이 커질 수 있다. 이러한 사회적 관계의 변화는 특히 혼자 사는 사람들에게 더 큰 심리적 부담으로 다가올 수 있다.

이와 함께, **경제적 불안도 은퇴 전후의 심리적 변화를 촉발하는 중요한 요인이다.** 은퇴 전에는 안정적인 소득원이 있었지만, 은퇴 후에는 연금이나 저축에 의존해야 하는 경우가 많다. 충분한 경제적 준비가 되어 있지 않다면, 은퇴 후의 경제적 부담감이 심리적 불안을 증폭시킬 수 있다. 이러한 경제적 불안은 더 이상 일할 수 없는 나이에 대한 두려움과 맞물리면서 삶에 대한 전반적인 불안감을 초래할 수 있다.

또한, **사회적 역할 상실도 은퇴 후 심리적 변화를 이해하는 중요한 요소다.** 직장 내에서 중요한 역할을 맡았던 사람들은 은퇴 후 더 이상 그 역할을 수행할 수 없게 되면서 사회적 존재감이 약해졌다고 느낄 수 있다. 특히 리더 역할을 했던 사람들은 은퇴 후 자신이 더 이상 중요한 결정을 내리지 않거나, 사회적 기여를 하지 못한다고 느끼면서 불안감과 무력감을 경험할 수 있다.

마지막으로, **은퇴에 대한 개인적인 기대와 현실의 차이도 심리적 변화에 큰 영향을 미친다.** 많은 사람은 은퇴 후 여유롭고 즐거운 삶을 꿈꾸지만, 막상 은퇴 후의 삶은 생각만큼 즐겁지 않을 수 있다. 가족들과의 관계가 예상과 다르거나, 은퇴 후 하고 싶었던 일들이 생각보다 만족스럽지 않을 때 실망감이 찾아올 수 있다. 특히 장기적으로 은퇴 후의 삶을 구체적으로 계획하지 않았던 사람들은 공허함과 방향성을 잃기 쉽다.

이러한 심리적 변화를 극복하기 위해서는 은퇴 전부터 심리적 준비를 철저히 하는 것이 중요하다. 먼저 은퇴가 인생의 끝이 아니라 새로운 시작임을 인식하고, 은퇴 후의 삶에서 어떤 새로운 목표와 역할을 설정할 것인지에 대한 깊은 고민이 필요하다. 또한, 경제적 안정성뿐만 아니라 심리적 안정감을 유지하기 위해 은퇴 후에도 생산적인 활동을 지속하는 것이 좋다. 자원봉사, 취미, 새로운 기술 학습 등은 삶의 만족도를 높이고 정체성의 혼란을 줄이는 데 도움이 될 수 있다.

은퇴 우울증 극복하기

　은퇴 후 많은 사람이 예상하지 못한 심리적 도전에 직면한다. 그중에서도 은퇴 우울증은 흔하게 나타나는 문제 중 하나다. 오랜 시간 일에 매진하며 생활의 리듬과 정체성을 직업에 의존하던 사람들이 은퇴 후 느끼는 공허감, 상실감, 그리고 무기력감이 주요 원인이다. 은퇴 우울증을 겪는 사람들은 신체적, 정서적으로 큰 변화를 경험할 수 있으며, 이를 극복하지 않으면 은퇴 후의 삶이 만족스럽지 않게 느껴질 수 있다. 다행히 은퇴 우울증은 적절한 준비와 대처로 충분히 극복할 수 있다.

　은퇴 우울증의 원인은 주로 여러 심리적, 사회적 요인에서 비롯된다. 은퇴 후 갑작스럽게 찾아오는 정체성 상실은 중요한 원인 중 하나다. 직업은 오랫동안 개인의 정체성과 자존감을 형성하는 중요한 요소로 작용해 왔다. 그러나 은퇴하면서 더 이상 직업적 역할을 수행하지 않게 되면, 자신이 무의미한 존재가 된 것 같은 느낌을 받을 수 있다. 특히 경영진, 의사, 변호사와 같은 고위직에서 은퇴한 사람들은 사회적 지위와 역할을 잃었다고 느끼면서 그 상실감이 더욱 크다.

　또 다른 원인은 일상 구조의 붕괴다. 직장생활을 하며 쌓아온 규칙적인 일상, 출퇴근과 업무 등은 은퇴 후 사라진다. 처음에는 자유로운 시간이 반가울 수 있지만, 장기적으로 볼 때 이러한 변화는 일상에서의 목적 의식을 잃게 만들고, 점차 무기력감과 우울감으로 이어질 수 있다. 자유 시간이 많아진 만큼 그 시간을 어떻게 보낼지 계획이 없으면 하루하루를 의미 없이 보내는 느낌에 빠질 수 있다.

사회적 고립감도 중요한 요인이다. 직장에서의 사회적 네트워크는 은퇴 후 자연스럽게 축소되기 마련이다. 동료들과의 소통이 줄어들고, 더 이상 직장에서의 관계 유지가 어렵게 되면서 은퇴자들은 고립감을 느끼기 쉽다. 특히 혼자 사는 사람이나 배우자와의 관계가 원활하지 않은 사람들은 외로움과 우울감을 더 쉽게 경험한다. 이로 인해 자주 사회적 활동에 참여하지 않는 은퇴자들은 점점 더 외로움을 느끼며 우울증으로 이어질 수 있다.

은퇴 우울증을 극복하기 위해서는 적극적인 대처가 필요하다. **첫 번째로 중요한 것은 새로운 목표와 계획을 세우는 것이다.** 은퇴 후에도 의미 있는 목표를 설정하는 것이 정신 건강에 매우 중요하다. 목표는 반드시 거창할 필요는 없으며, 일상에서 작은 성취감을 느낄 수 있는 활동이면 충분하다. 새로운 취미를 배우거나, 여행을 계획하거나, 자신이 오랫동안 관심을 가졌던 분야에서 새로운 도전을 해볼 수 있다. 중요한 것은 단순히 시간을 보내는 것이 아니라, 자신의 삶에 의미를 부여하는 활동을 찾는 것이다.

두 번째로, 사회적 관계를 유지하고 확장하는 것이 필요하다. 은퇴 후에도 지속적으로 사회적 관계를 유지하는 것이 우울증을 예방하는 데 큰 도움이 된다. 동호회나 자원봉사 활동에 참여하여 새로운 사람들을 만나고, 지역 사회와의 연결고리를 강화하는 것이 좋다. 특히 같은 은퇴자들과 교류하며 서로의 경험을 나누는 것은 정서적 지지를 받는 데 큰 도움이 된다. 또한, 가족과의 관계를 재정립하고 시간을 함께 보내는 것도 사회적 고립을 줄이는 데 중요한 역할을 할 수 있다.

세 번째로는 신체적 건강을 유지하는 것이다. 신체 활동과 정신 건강은 밀접하게 연결되어 있다. 규칙적인 운동은 스트레스를 줄이고, 긍정적인 기분을 유지하는 데 도움이 된다. 특히 야외에서의 산책이나 가벼운 운동은 기분을 상쾌하게 만들고 활력을 더해준다. 운동을 통해 얻는 성취감과 에너지는 우울증을 예방하는 효과적인 방법 중 하나다.

네 번째로, 전문가의 도움을 받는 것도 중요하다. 우울감이 지속되고 일상생활에 지장을 줄 만큼 심해진다면, 주저하지 말고 심리 상담사나 정신 건강 전문가의 도움을 요청하는 것이 필요하다. 전문가와의 상담을 통해 자신의 감정을 더 잘 이해하고, 이를 극복할 수 있는 구체적인 전략을 마련할 수 있다. 또한, 경우에 따라 약물 치료도 필요할 수 있으므로, 정신 건강에 대한 문제는 혼자 해결하려 하지 말고 적절한 지원을 받는 것이 중요하다.

마지막으로, 긍정적인 사고방식을 유지하는 것이 필수이다. 은퇴는 삶의 끝이 아니라 새로운 시작이다. 과거 직장생활에서 얻은 성취와 경험을 바탕으로, 은퇴 후에도 새로운 기회와 가능성을 모색할 수 있다. 은퇴 후의 시간은 삶을 더 풍요롭게 만들 수 있는 중요한 시기이며, 이를 긍정적으로 받아들이고 새로운 경험을 쌓는 자세가 필요하다.

은퇴 우울증은 누구나 겪을 수 있는 심리적 도전이지만, 이를 극복하기 위한 다양한 방법이 있다. 새로운 목표 설정, 사회적 관계 유지, 신체적 건강 관리, 전문가의 도움을 통해 은퇴 후에도 활기차고 의미 있는 삶을 살아갈 수 있다. 무엇보다 중요한 것은 은퇴 후에도 자신을 성장시키고, 새로운 도전을 통해 삶의 의미를 발견하는 것이다.

목적과 의미 있는 삶 설계하기

은퇴 후의 삶은 오랜 직장생활에서 벗어나 자유롭게 시간을 보낼 수 있는 시기이지만, 동시에 삶의 목적을 잃기 쉬운 시기이기도 하다. 많은 사람이 직장에서 맡았던 역할을 통해 자신의 정체성과 목적을 형성해 왔기 때문에, 은퇴 후에는 이러한 정체성을 재정립하고 삶의 새로운 목표를 설정하는 것이 중요하다. 목적과 의미 있는 삶을 설계하는 과정은 은퇴 후에도 만족스럽고 보람찬 삶을 살아가기 위한 핵심 요소다.

먼저, 은퇴 후 새로운 삶의 목적을 찾기 위해서는 자신의 가치관을 재정비하는 것이 필요하다. 오랜 시간 동안 직업적 목표에 집중하며 살았던 사람이라면 은퇴 후에는 더 개인적인 가치에 집중할 수 있다. 자신이 중요하게 여기는 것이 무엇인지, 그동안의 삶에서 간과했던 부분이 무엇인지를 돌아보는 시간이 필요하다. 가족과의 시간, 건강, 사회적 기여, 혹은 개인적인 성취와 같은 가치를 중심으로 새로운 목표를 설정할 수 있다.

은퇴 후에도 성장할 수 있는 목표를 설정하는 것이 중요하다. 은퇴는 더 이상 일하지 않는 시간이라기보다, 그동안의 경험을 바탕으로 새로운 도전을 할 기회다. 많은 사람은 은퇴 후 새로운 기술을 배우거나, 오랫동안 관심 있었던 분야에 대해 더 깊이 탐구하는 시간을 갖는다. 예를 들어, 새로운 언어를 배우거나, 악기를 익히거나, 여행을 통해 다양한 문화를 체험하는 것은 삶에 큰 만족감을 줄 수 있다. 이처럼 자신이 배울 수 있는 활동이나 도전은 은퇴 후에도 지속적인 성장을 가능하게 한다.

또한, 사회적 기여는 은퇴 후 목적과 의미 있는 삶을 설계하는 데 중요한 역할을 할 수 있다. 그동안의 경력과 경험을 활용해 사회에 기여할 수 있는 방법을 찾는 것은 은퇴 후 자존감을 높이는 데도 큰 도움이 된다. 예를 들어, 은퇴 전까지 쌓아온 전문성을 바탕으로 자문 역할을 맡거나, 멘토링을 통해 젊은 세대에게 지식과 경험을 전수하는 활동은 큰 보람을 느끼게 해줄 수 있다. 또한, 지역 사회에서 봉사 활동을 하거나 비영리 단체에 참여하는 것도 사회적 기여를 통해 삶의 목적을 찾는 방법이다.

건강 관리 역시 은퇴 후의 삶에서 매우 중요한 요소다. 은퇴 후에는 경제적 목표보다는 신체적, 정신적 건강에 집중해야 할 시기다. 자신의 건강을 유지하고 증진하는 것이 가장 중요한 목표가 될 수 있으며, 이를 통해 더 오랫동안 활기차고 적극적인 삶을 영위할 수 있다. 규칙적인 운동, 건강한 식습관, 마음 챙김을 실천함으로써 자신을 돌보는 것이 삶의 중요한 목적이 될 수 있다.

인간관계 또한 목적과 의미 있는 삶을 설계하는 데 중요한 역할을 한다. 직장생활을 하면서 맺었던 인간관계는 은퇴 후 자연스럽게 줄어들 수 있다. 그렇기 때문에 은퇴 후에는 가족, 친구, 지역 사회와의 관계를 더욱 돈독히 유지하고 발전시키는 것이 필요하다. 특히, 은퇴 후에는 가족과의 관계가 이전보다 더 중요한 의미를 지니게 된다. 자녀들과의 소통, 배우자와의 관계 재정립, 손주들과의 교류 등 가족과의 관계를 통해 삶에 새로운 의미를 부여할 수 있다. 또한, 지역 사회에서 새로운 친구를 만나고 커뮤니티 활동에 참여하는 것도 새로운 인간관계를 형성하는 좋은 방법이다.

취미 생활도 은퇴 후 삶의 목적을 찾는 데 중요한 역할을 한다. 많은 사람이 은퇴 후 오랫동안 미뤄둔 취미를 다시 시작하거나 새로운 취미를 발견하며 삶에 활력을 더한다. 예술, 음악, 스포츠, 요리 등 다양한 활동을 통해 자신만의 시간을 즐길 수 있으며, 이는 단순한 여가를 넘어 삶의 의미를 찾는 과정이 될 수 있다. 취미를 통해 창의적인 에너지를 발산하고, 성취감을 얻으며, 자아실현의 기회를 얻을 수 있다.

마지막으로, 유연한 사고방식을 유지하는 것이 중요하다. 은퇴 후에는 예상치 못한 변화나 도전에 직면할 수 있다. 이러한 상황에서 긍정적인 태도로 변화에 대처하고, 새로운 기회를 찾으려는 노력이 필요하다. 삶의 목표는 고정된 것이 아니라, 상황에 따라 변화할 수 있으며, 그 변화에 유연하게 대응하는 것이 은퇴 후의 삶을 더 풍요롭게 만드는 방법이다.

은퇴 후의 삶은 직장에서의 역할이 끝났다고 해서 목적이 사라지는 것이 아니라, 새로운 방향으로 나아가는 중요한 시기다. 자신의 가치와 목표를 재정비하고, 새로운 도전과 기회를 통해 성장해 나가면서, 가족과 사회에 기여하는 삶을 설계할 수 있다. 이처럼 목적과 의미를 부여한 삶은 은퇴 후에도 활기차고 만족스러운 인생을 살아가는 데 필수적인 요소가 된다.

가족 및 사회적 관계 재정립

은퇴 후의 삶에서 가장 중요한 요소 중 하나는 가족 및 사회적 관계의 재정립이다. 직장에서의 역할이 끝나면 사회적 네트워크와 인간관계의 중심이 자연스럽게 바뀌며, 그동안 유지해 왔던 직장 내 인간관계가 줄어들게 된다. 이로 인해 많은 은퇴자들이 사회적 고립감을 느끼거나 관계에서 어려움을 겪을 수 있다. 이러한 변화 속에서 가족과의 관계를 재정립하고 새로운 사회적 네트워크를 형성하는 것은 은퇴 후 삶의 질을 높이는 데 매우 중요한 역할을 한다.

우선, 가족 관계의 변화는 은퇴 후 중요한 재정립 대상이다. 은퇴 전에는 직장생활로 인해 가족과 보내는 시간이 제한적이었을 수 있지만, 은퇴 후에는 가족과 더 많은 시간을 보내게 된다. 이로 인해 배우자와의 관계, 자녀들과의 소통 방식, 손주들과의 유대감 등이 재정립될 필요가 있다. 특히 은퇴 후 배우자와의 관계는 새로운 도전에 직면할 수 있다. 서로 많은 시간을 함께 보내면서 갈등이 생기기도 하고, 각자의 생활 리듬이 달라지면서 갈등이 발생할 수 있다. 이때 중요한 것은 상호 존중과 소통이다. 배우자와 함께할 수 있는 공통된 관심사를 찾아 공유하고, 서로의 개인적인 시간도 존중하는 균형을 유지하는 것이 필요하다.

자녀와의 관계도 재정립해야 한다. 은퇴 후에는 자녀가 성인이 되어 독립한 경우가 많기 때문에 부모로서의 역할이 달라진다. 이제는 자녀들에게 과도한 간섭을 하지 않으면서도, 필요한 때에 지원해 주는 방식으로 관계를 설정하는 것이 중요하다. 자녀들이 스스로 삶을 살아갈 수 있도록 존중해 주면서, 동시에 부모로서의 역할을 지속적으로 수행하는 것이 필요하다. 이를 위해 자녀들과의 소통을 유지하며, 때로는 조언을 아끼지 않되 그들의 선택을 존중하는 태도가 중요하다.

또한, 손주들과의 관계는 은퇴 후 큰 즐거움을 줄 수 있다. 손주와 시간을 보내며 세대 간의 교감을 나누는 것은 양방향으로 긍정적인 영향을 미친다. 손주들에게는 사랑과 지혜를 전하는 좋은 기회가 되고, 은퇴자들은 손주와의 시간을 통해 젊은 세대와의 소통을 지속할 수 있다. 손주들과의 놀이, 교육적 활동 등을 통해 그들과의 유대감을 강화하는 것은 은퇴 후 삶에 활력을 불어넣어 준다.

사회적 관계의 재정립도 매우 중요하다. 은퇴 후에는 직장 동료들과의 만남이 줄어들 수밖에 없고, 이로 인해 사회적 네트워크가 축소될 위험이 있다. 이를 방지하기 위해서는 새로운 사회적 관계를 구축하고 유지하는 것이 필요하다. 은퇴 후에는 동호회, 자원봉사, 지역 사회의 커뮤니티 활동 등 다양한 방식으로 새로운 인간관계를 형성할 수 있다. 이러한 활동을 통해 새로운 사람들을 만나고 공통의 관심사를 나누며 사회적 고립감을 해소할 수 있다.

동호회나 취미 활동은 사회적 관계를 확장하는 좋은 방법이다. 음악, 운동, 미술, 요리 등 자신의 취미를 공유하는 동호회에 참여하면 은퇴 후에도 활발한 사회생활을 이어갈 수 있다. 이러한 모임은 취미를 즐기면서 동시에 사회적 유대감을 형성할 수 있는 장점이 있다. 은퇴 후 갑자기 많은 자유 시간이 주어지는 상황에서, 공통된 관심사를 가진 사람들과 교류하는 것은 삶의 활력과 정서적 안정을 가져다줄 수 있다.

자원봉사나 공익 활동도 사회적 관계를 넓히는 데 도움이 된다. 지역 사회나 비영리 단체에서 자원봉사 활동을 하면서 다른 사람들과 함께 사회적 기여를 하는 것은 매우 보람찬 경험이 될 수 있다. 또한, 자원봉사는 새로운 사람들을 만나고, 사회에 계속해서 의미 있는 역할을 할 기회를 제공한다. 이를 통해 자신의 경험과 지식을 활용하면서도 사회적 연결망을 유지할 수 있다.

마지막으로, 자신의 과거 관계를 유지하는 것도 중요하다. 은퇴 후에도 직장 동료나 오랜 친구들과의 관계를 유지하려는 노력이 필요하다. 가끔 연락을 주고받거나, 정기적인 만남을 통해 그들과의 유대를 지속할 수 있다. 이러한 관계는 은퇴 후에도 정서적 지지와 안정감을 제공할 수 있는 중요한 요소다.

자료 : Dall-e

| 퇴직과 은퇴자의 유형

① 실버 노마드: 은퇴 후 세계 각국을 여행하면서 다양한 문화와 경험을 추구하는 유형

② 조기 자유인: 조기에 은퇴하여 자유롭게 시간을 보내는 은퇴자(파이어족)

③ 활동가 레인저: 은퇴 후에도 새로운 일에 도전하는 활동적인 은퇴자

④ 인생 대학생: 은퇴를 기회로 새로운 학문이나 기술을 배우는 은퇴자

⑤ 마운틴 마스터: 등산, 100대 명산 산악여행 등을 즐기는 유형의 은퇴자

⑥ 커뮤니티 챔피언: 지역 사회 등 각종 커뮤니티에 기여하며 의미 있는 활동을 하는 은퇴자

⑦ 휴식 마스터: 집에서 편안하게 은퇴 생활을 즐기는 은퇴자

⑧ 엔드리스 워커: 생활비와 노후 준비를 위해 은퇴 후에도 계속 일을 해야 하는 사람들

⑨ 나는 자연인: 낙향, 귀촌으로 자연을 즐기는 삶을 추구하는 은퇴자

⑩ 취미 경험자: 그림, 음악, 운동 등 다양한 취미를 경험하는 은퇴자

2부

인생 2막을 위한 전략적 준비

05

재정 관리의 중요성 :
은퇴 후에도 돈 걱정 없는 삶

은퇴 자금 계획의 기본

은퇴 후에도 안정적인 삶을 유지하기 위해 가장 중요한 것은 철저한 은퇴 자금 계획이다. 은퇴 후의 경제적 안정은 단순히 축적된 저축액에만 의존할 수 없으며, 장기적인 재정 계획을 통해 소득원을 어떻게 활용하고 관리할지에 대한 전략이 필요하다. 은퇴 자금 계획의 기본은 자신의 재정 상황을 명확히 파악하고, 필요한 생활비와 예상되는 수입을 균형 있게 설계하는 것이다.

첫째, 현재 재정 상태를 정확히 평가하는 것이 중요하다. 은퇴 자금을 계획하기 전, 자신의 자산과 부채를 명확하게 파악해야 한다. 은퇴 후의 수입원을 결정하기 위해서는 현재 보유한 자산(저축, 연금, 투자, 부동산 등)이 얼마나 되는지, 부채는 어떤 것들이 있는지, 그리고 월별 지출 내역이 어떻게 구성되어 있는지를 세부적으로 분석하는 것이 필요하다. 이 과정에서 금융 전문가의 도움을 받는 것도 좋은 방법이다. 자산과 부채를 정확히 이해함으로써 미래에 필요한 자금을 구체적으로 계산할 수 있다.

둘째, 은퇴 후 필요한 생활비를 추정하는 과정이 필수적이다. 은퇴 후에도 주거비, 식비, 의료비, 여가 활동비 등 기본적인 생활비는 계속 발생한다. 특히 의료비는 나이가 들수록 증가할 가능성이 높기 때문에, 이를 충분히 반영해야 한다. 은퇴 후에 어떤 라이프스타일을 추구할지에 따라 필요한 생활비가 달라질 수 있다. 예를 들어, 자주 여행을 계획하고 있거나, 자녀나 손주에게 재정적 지원을 하려는 계획이 있다면 그에 맞춰 자금을 확보해야 한다. 최소한의 생활비와 추가적인 여가 활동에 필요한 금액을 고려해 생활비를 구체적으로 계산하는 것이 중요하다.

셋째, 수입원과 지출의 균형을 맞추는 것이 핵심이다. 은퇴 후에도 일정한 수입원을 유지할 필요가 있으며, 이를 통해 생활비를 충당할 수 있어야 한다. 연금, 투자 수익, 부동산 임대료 등이 대표적인 은퇴 후 수입원이 될 수 있다. 하지만 이러한 수입원이 생활비를 충당하기에 충분한지 확인하는 것이 중요하다. 특히 연금은 수입의 중요한 부분을 차지하지만, 예상보다 적은 경우가 많아 추가적인 수입원을 마련해야 할 수도 있다. 따라서 연금 외에도 투자 포트폴리오를 잘 구성하고, 안정적인 수익을 창출할 수 있는 다른 자산을 확보해야 한다.

넷째, 은퇴 시점과 자금 수령 시기를 조정하는 것이 중요한 전략이 될 수 있다. 예를 들어, 국민연금이나 퇴직연금 등은 수령 시기에 따라 매달 받는 금액이 달라지기 때문에, 이를 전략적으로 활용해야 한다. 연금 수령을 조금 늦추면 월 수령액이 증가하고, 반대로 빨리 받기 시작하면 월 수령액이 줄어들 수 있다. 자신의 건강 상태와 재정 상황을 고려해 연금 수령 시기를 신중히 선택하는 것이 중요하다. 또한, 은퇴 후 얼마 동안은 저축한 자산을 사용하고, 연금 수령을 늦추는 것도 하나의 전략이 될 수 있다.

다섯째, 긴급 자금을 별도로 준비하는 것이 필요하다. 예기치 못한 의료비나 주거비용 등 갑작스럽게 큰 지출이 발생할 수 있기 때문에, 이러한 상황을 대비해 긴급 자금을 마련해 두어야 한다. 긴급 자금은 쉽게 인출할 수 있는 형태로 준비하는 것이 좋으며, 생활비 외에 적어도 6개월에서 1년 정도의 지출을 감당할 수 있는 금액을 확보하는 것이 바람직하다.

여섯째, 인플레이션에 대비한 계획을 세워야 한다. 물가 상승으로 인해 시간이 지날수록 돈의 가치는 떨어지기 때문에, 은퇴 후 생활비가 증가할 수 있다. 따라서 인플레이션에 대비해 자산을 관리하는 것이 필요하다. 이를 위해 일정 부분의 자산은 인플레이션을 방어할 수 있는 자산, 예를 들어 물가에 연동된 투자 상품이나 부동산 등을 고려할 수 있다.

마지막으로, 재정 계획은 지속적으로 점검하고 수정하는 것이 중요하다. 은퇴 후에는 경제 상황, 건강 상태, 생활비 등이 변할 수 있기 때문에, 이에 맞춰 자금 계획을 수정해야 한다. 정기적으로 자신의 재정 상황을 점검하고, 필요에 따라 전문가의 조언을 받아 자산 배분을 재조정하는 것이 필요하다.

【은퇴 자금 계획 체크리스트】

항목	세부 내용	결과
현재 자산 상태 점검	자산(저축, 투자, 부동산 등) 총액 확인	
	부채(대출, 카드 대금 등) 확인	
	월간 생활비 지출 내역 분석	
	연금 수령액 예상	
	투자 수익률 및 수입원 검토	
필요 생활비 추정	기본 생활비(주거비, 식비 등) 계산	
	의료비 예상	
	여가, 취미 생활비 계산	
	여행, 자녀 지원 등의 추가 지출 예상	
수입원 점검 및 계획	국민연금, 퇴직연금 수령 시기 결정	
	투자 포트폴리오 재검토	
	부동산, 임대 수입 예상	
	자산 수익의 안정성 점검	
위험 대비 계획	긴급 자금(6~12개월 생활비) 확보	
	예상치 못한 의료비 대비 보험 점검	
	인플레이션 대비 자산 배분 계획	
자금 계획 정기 점검	연간 자산 점검 및 재조정 계획	
	전문가 상담 및 조언 필요 여부	

은퇴 자금 계획의 기본은 철저한 준비와 관리에 있다. 현재 재정 상태를 정확히 파악하고, 예상되는 생활비와 수입원을 조정해 장기적인 계획을 세우는 것이 중요하다. 이 과정에서 자신의 건강 상태, 생활 목표, 가족 상황 등을 모두 고려해 유연하게 대응할 수 있어야 한다. 올바른 은퇴 자금 계획을 통해 경제적 안정성을 확보하면, 은퇴 후에도 돈 걱정 없는 풍요로운 삶을 영위할 수 있을 것이다.

【은퇴 자금 진단 및 계획 서식 예시】

항목	현재 상황	목표/계획	비고
자산	총자산:	5년 후 목표 자산:	
	현금:	자산분배비율(현금, 투자 등) 조정	
	부동산:	부동산 유지/매각계획	
	투자:	수익률 목표: %	
	연금 예상수령액:	연금 수령시기: O년	
부채	부채총액:	부채상환계획	
	대출:	대출상환방식	
	기타부채:	부채관리전략	
생활비 지출	월 생활비:	은퇴 후 월 생활비 목표:	
	주거비:		
	의료비:		
	여가, 취미비:		
	기타지출 예상:		
수입	현재수입:	은퇴 후 예상수입:	
	연금수령액:	수령시기: O년	
	투자수익:	수익률 목표: %	
	부동산 임대수익:	부동산 활용계획	
긴급 자금 및 위험 대비	긴급자금:	긴급자금 목표액:	
	보험(건강/상해/재산)	필요보험 점검 및 추가 가입 여부	
	인플레이션 대비 자산 관리계획	인플레이션 방어자산: 부동산, 물가연동 채권 등	
재정 관리 점검	정기 점검: O년 O월	재정계획 재조정 일정	
	전문가 상담 필요여부:(O/X)	상담주기 및 필요시기	

실수하지 않는 재정 설계 전략

　은퇴 후에도 경제적으로 안정된 삶을 영위하기 위해서는 신중하고 체계적인 재정 설계 전략이 필수적이다. 많은 은퇴자들이 은퇴 후 예상치 못한 재정적 어려움을 겪는 이유는 잘못된 재정 결정이나 준비 부족에서 비롯된다. 이러한 실수를 예방하고 재정적으로 건강한 은퇴 생활을 유지하려면, 명확한 재정 설계 전략을 세우고 이를 철저히 관리하는 것이 중요하다.

　첫째, 현실적인 생활비 예산을 세우는 것이 기본적인 재정 전략의 시작이다. 은퇴 후에는 생활비가 과거보다 줄어들 것이라고 생각하는 경우가 많지만, 실제로는 예상보다 지출이 더 클 수 있다. 여행, 취미, 의료비 등 예상치 못한 지출이 생길 수 있기 때문에 현실적인 생활비 예산을 수립하는 것이 중요하다. 은퇴 전에 월별 생활비를 기록하고 분석하여 은퇴 후 필요한 최소한의 금액과 여유 자금이 어느 정도인지 명확히 파악해야 한다. 과소 예산을 책정할 경우 재정적 압박을 느끼게 될 수 있으므로 여유를 두고 예산을 세우는 것이 현명하다.

　둘째, 다양한 소득원을 확보하는 전략이 필요하다. 은퇴 후에는 연금만으로 생활을 유지하는 것이 어려울 수 있기 때문에 다양한 소득원을 갖추는 것이 중요하다. 연금 이외에도 투자 수익, 임대 소득, 파트타임 일자리 등 여러 소득원이 있을 때 재정적 리스크를 분산할 수 있다. 특히, 주식, 채권, 부동산 등 다양한 자산군에 분산 투자하는 것은 포트폴리오의 위험을 줄이고 안정적인 수익을 얻을 수 있는 좋은 방법이다. 이를 통해 특정 자산군의 변동성에 대한 의존도를 낮추고, 예기치 못한 경제 상황 변화에도 대비할 수 있다.

셋째, 과도한 투자 리스크를 피하는 것도 실수하지 않는 재정 설계 전략의 핵심이다. 은퇴 후에는 자산을 지키는 것이 무엇보다 중요하다. 젊을 때는 고위험 고수익을 추구할 수 있지만, 은퇴 후에는 더 안정적인 투자가 필요하다. 너무 공격적인 투자 전략을 추구하다 보면 자산을 크게 잃을 위험이 있으며 손실을 복구할 기회가 제한적이다. 특히, 주변 사람이나 잘 알지 못하는 투자 상품에 무리하게 투자하지 않도록 주의해야 한다. 안정적인 연금이나 채권, 저위험 투자를 중심으로 자산 포트폴리오를 구성하는 것이 바람직하다.

넷째, 인플레이션을 고려한 자산 관리를 하는 것이 중요하다. 은퇴 후에도 물가 상승은 지속되기 때문에 인플레이션에 대비하지 않으면 생활비가 빠르게 증가해 자산 가치가 줄어들 수 있다. 인플레이션을 방어하기 위해 물가 상승에 강한 자산, 예를 들어 부동산, 물가 연동 채권, 배당주 등에 투자하는 것이 필요하다. 인플레이션을 무시하고 자산을 관리하면, 은퇴 후 몇 년만 지나도 자산이 크게 줄어들 수 있으므로 이를 염두에 두고 자산 관리를 해야 한다.

다섯째, 재정 계획의 유연성을 유지하는 것도 중요한 전략이다. 은퇴 후에는 예상치 못한 상황이 발생할 수 있다. 건강 문제, 가족의 경제적 지원 필요, 또는 경제적 변화 등으로 인해 계획이 변경될 수 있다. 따라서 재정 계획을 세울 때는 이런 변수를 고려해 유연하게 대처할 수 있는 여지를 남겨두는 것이 중요하다. 예를 들어, 비상 자금을 마련해 두거나, 언제든 재정 계획을 수정할 수 있도록 자산의 일부를 유동성 자산으로 유지하는 것이 필요하다.

여섯째, 세금 관리도 중요한 재정 설계 요소 중 하나다. 은퇴 후에도 소득이 발생하면 세금을 내야 하기 때문에 세금을 최소화할 수 있는 전략을 마련하는 것이 필요하다. 세금 우대 혜택을 받을 수 있는 금융 상품을 적극적으로 활용하고, 연금 수령 시 세금이 어떻게 적용되는지 미리 파악해야 한다. 잘못된 세금 계획으로 인해 은퇴 후 소득이 예상보다 적어지거나, 불필요한 세금을 더 내는 일이 없도록 미리 준비하는 것이 좋다.

마지막으로, 전문가의 도움을 받는 것도 좋은 재정 설계 전략 중 하나다. 은퇴 자금 관리와 투자, 세금 문제는 복잡하기 때문에 혼자 모든 것을 관리하기 어렵다. 재정 전문가나 자산 관리사의 도움을 받으면 보다 체계적이고 효율적인 재정 계획을 세울 수 있다. 특히, 자신의 상황에 맞는 맞춤형 재정 전략을 세우기 위해 전문가의 조언을 받는 것은 장기적인 안정을 보장하는 데 큰 도움이 될 수 있다.

은퇴 후 재정 설계를 할 때 중요한 것은 안정성, 다양성, 유연성을 고려한 전략적 접근이다. 재정적 실수를 피하고, 다양한 소득원을 확보하며, 위험을 분산하는 재정 계획을 세움으로써 은퇴 후에도 안정적이고 풍요로운 삶을 영위할 수 있다.

부동산, 연금, 투자: 무엇이 최선인가?

은퇴 후 재정적 안정을 유지하기 위해서는 다양한 자산 관리 전략이 필요하다. 특히 부동산, 연금, 투자는 은퇴 자금을 구성하는 중요한 세 가지 축이다. 각각의 자산은 장단점이 있으며, 이를 적절히 조합하고 운용하는 것이 성공적인 재정 관리의 핵심이다. 어떤 자산이 최선인지는 개인의 재정 상태, 위험 감수 성향, 그리고 생활 스타일에 따라 달라질 수 있다.

:: 부동산: 안정적인 자산이지만 유동성의 한계

부동산은 오랫동안 은퇴 자산 관리에서 중요한 부분을 차지해 왔다. 집이나 상업용 부동산을 소유하면 안정적인 자산으로 평가받으며, 특히 주거용 부동산은 거주지로 사용하면서도 자산으로 보유할 수 있어 일석이조의 효과를 얻을 수 있다. 또한, 상업용이나 임대용 부동산은 임대 수익을 통해 정기적인 현금 흐름을 제공한다. 특히 물가 상승 시 부동산의 가치가 오를 수 있어 인플레이션에 대한 방어 수단으로도 작용한다.

그러나 부동산의 가장 큰 단점은 유동성이다. 즉각적으로 현금화하기 어렵고, 부동산 시장 상황에 따라 가격 변동성이 클 수 있다. 은퇴 후 갑작스러운 자금이 필요할 때 부동산을 현금화하는 것은 시간이 오래 걸릴 수 있으며, 부동산 가격이 하락하는 시기에 매도하면 손실을 볼 가능성도 있다. 따라서 부동산에 과도하게 집중하는 것은 은퇴 후 예상치 못한 상황에 대처하기 어려운 리스크가 될 수 있다. 이를 방지하기 위해서는 부동산 비중을 적절히 조절하고, 일정 부분은 유동성 있는 자산으로 분산하는 것이 필요하다.

:: 연금: 안정적이지만 유연성이 부족한 소득원

연금은 은퇴자들에게 가장 중요한 안정적인 소득원이다. 국민연금, 퇴직연금, 개인연금 등 다양한 연금 제도를 통해 은퇴 후에도 정기적인 소득을 받을 수 있다. 연금의 장점은 안정성이다. 주식이나 부동산처럼 가격 변동의 위험을 크게 겪지 않으며, 매달 일정 금액을 받을 수 있기 때문에 생활비 계획을 세우는 데 매우 유리하다. 특히 국민연금과 같은 공적 연금은 국가에서 보장하기 때문에, 경제 상황과 관계없이 꾸준히 지급된다.

그러나 연금은 유연성이 부족하다. 한 번 연금을 수령하기 시작하면 추가로 자금을 인출하거나 조정할 수 있는 여지가 제한적이다. 또한, 연금의 월 지급액은 개인의 기대 생활비에 미치지 못할 가능성도 있다. 따라서 연금만으로 생활비를 충당하려는 계획은 위험할 수 있다. 연금을 통해 기본 생활비를 충당하되, 투자나 부동산을 통해 추가적인 소득원을 마련하는 전략이 필요하다.

:: 투자: 성장 잠재력이 크지만 위험

투자는 은퇴 후 자산을 늘릴 수 있는 방법 중 하나로, 주식, 채권, 펀드, ETF 등 다양한 금융 상품을 통해 자산을 운용할 수 있다. 투자 자산의 가장 큰 장점은 성장 잠재력이다. 특히 주식이나 펀드는 장기적으로 높은 수익을 기대할 수 있으며, 주식 배당을 통해 정기적인 수입을 얻는 방법도 있다. 투자 포트폴리오를 잘 구성하면 인플레이션을 방어하면서 자산을 불릴 수 있는 좋은 수단이 된다.

그러나 투자는 위험이 크다. 특히 은퇴 후에는 안정적인 소득이 없는 상황에서 투자 실패가 큰 타격을 줄 수 있기 때문에 고위험 고수익을 추구하기보다는 안정적인 수익을 목표로 해야 한다. 이때 적절한 분산 투자 전략을 세워 위험을 최소화하는 것이 중요하다. 채권과 같은 안정적인 자산을 일정 비율 포함해 리스크 관리를 하는 것이 필수적이다. 또한, 금융 전문가의 도움을 받아 자신의 위험 감수 성향에 맞는 포트폴리오를 구성하는 것이 바람직하다.

:: 최선의 자산 배분 전략

부동산, 연금, 투자 중 어느 하나에 집중하기보다는 자산을 적절히 분산하는 것이 최선의 전략이다. 각각의 자산이 가진 장단점을 고려해 자신에게 맞는 포트폴리오를 구성해야 한다. 예를 들어, 연금으로 안정적인 기본 생활비를 확보하고, 부동산에서 임대 수익을 얻으며, 일부는 투자로 성장 잠재력을 추구하는 식의 균형 잡힌 자산 배분이 필요하다.

또한, 나이, 건강 상태, 가족 상황 등을 고려해 자산 배분 비율을 조정해야 한다. 은퇴 초기에는 좀 더 적극적으로 투자하고, 나이가 들수록 안전 자산의 비율을 늘리는 방식으로 리스크를 관리할 수 있다. 재정적 유연성을 유지하면서 안정성과 성장성을 동시에 고려하는 것이 은퇴 후 성공적인 자산 관리의 핵심이다.

부동산, 연금, 투자 세 가지 자산 모두 장단점이 있기 때문에, 이를 개인의 상황에 맞게 적절히 활용하는 것이 중요하다. 안정성과 유연성, 성장 가능성을 고려한 자산 배분 전략을 통해 은퇴 후에도 경제적 안정을 유지하고, 풍요로운 삶을 이어갈 수 있을 것이다.

【은퇴자금 투자 방식에 따른 비교】

항목	부동산	연금	공격적인 투자 (주식, 펀드 등)	안정적인 투자 (채권, 예금 등)
안정성	중간: 시장 변동성 있음, 가치 하락 위험 존재	높음: 국가/기업에서 지급, 안정적인 소득 제공	낮음: 시장 변동성이 크고, 손실 가능성 있음	높음: 원금 보장되거나 손실 위험 적음
유동성	낮음: 매도에 시간 소요, 현금화 어려움	낮음: 연금 수령 방식 고정, 자금 인출 유연성 부족	높음: 필요시 바로 매도 가능	중간: 만기 전 현금화는 어려울 수 있음
수익성	중간: 임대 수익 및 자산 가치 상승 가능성	낮음: 정기적이지만 고정된 수익	높음: 장기적 고수익 기대 가능	낮음: 안정적이지만 수익률은 낮음
인플레이션 방어	높음: 부동산 가치는 물가 상승과 함께 오름	낮음: 연금 수령액 고정 (일부 연금은 물가 연동)	높음: 주식 등은 인플레이션에 대응할 가능성 있음	낮음: 고정 금리로 인해 물가 상승에 취약
소득 창출 가능성	중간: 임대 수익 통해 일정한 현금 흐름 가능	높음: 정기적 연금 수령	낮음: 소득 창출보다 자산 가치 상승에 의존	높음: 이자 소득 또는 배당 소득 가능
리스크	중간: 부동산 시장 침체 시 손실 위험	낮음: 안정적이나, 수령액이 기대보다 적을 수 있음	높음: 시장 변동성, 투자 손실 가능성 높음	낮음: 원금 보장 또는 낮은 손실 위험
적합 대상	중간: 장기적 자산 보유 선호자	높음: 안정적인 수입을 원하는 은퇴자	젊은 은퇴자, 적극적 투자자	중간: 보수적 투자 성향 또는 안정적 소득자

지속 가능한 소득원 확보 : 일자리가 가장 안정적인 소득원

　은퇴 후에도 경제적으로 안정된 삶을 유지하려면 지속 가능한 소득원을 확보하는 것이 매우 중요하다. 많은 사람은 은퇴 후 연금이나 저축으로 생활을 유지하려 하지만, 현실적으로 이는 충분하지 않을 수 있다. 장기적인 재정적 안정을 위해 가장 확실한 소득원 중 하나는 바로 일자리다. 은퇴 후에도 일자리를 통해 일정한 수입을 확보하면, 재정적 불안 없이 지속적인 소득원을 유지할 수 있다.

　먼저, **은퇴 후에도 일할 수 있는 환경은 과거와 크게 달라졌다.** 기술 발전과 디지털 전환 덕분에 은퇴자들도 자신에게 맞는 다양한 일자리를 찾을 기회가 늘어나고 있다. 예를 들어, 프리랜서나 파트타임, 원격 근무 등 유연한 근무 형태가 보편화되면서 더 이상 은퇴가 일의 끝을 의미하지 않는다. 직장을 그만두더라도 은퇴자들은 자신의 경력과 경험을 활용해 새로운 형태의 일자리에서 활동할 수 있다. 이는 정년 이후에도 안정적인 수입을 유지하는 좋은 기회를 제공한다.

　파트타임 일자리는 은퇴자들에게 특히 매력적인 선택지다. 은퇴 후에도 일정한 수입을 얻으면서도 과거와 같은 풀타임 업무의 부담은 덜수 있기 때문이다. 파트타임 일자리는 시간적 유연성을 제공해 은퇴 후의 삶을 여유롭게 즐기면서도 경제적 여유를 유지할 수 있게 해준다. 또한, 특정 전문 분야에서의 프리랜서 활동도 고려해 볼 만하다. 은퇴 전경력을 활용해 컨설팅, 교육, 멘토링 등 다양한 형태의 업무를 진행할수 있으며, 이러한 활동은 은퇴 후에도 자신의 경험을 사회에 기여하면서 소득을 창출하는 방법이다.

원격 근무 또한 은퇴자들에게 적합한 형태의 일자리다. 디지털 기술의 발달로 장소에 구애받지 않고 일할 기회가 늘어나면서, 은퇴 후에도집에서 편리하게 일할 수 있는 다양한 원격 근무 일자리가 생겼다. 특히글쓰기, 번역, 회계, 디자인, 마케팅과 같은 지식 기반의 업무는 원격으로 수행하기에 적합하며, 이는 은퇴자들이 시간과 장소의 제약 없이 경제적 활동을 이어갈 수 있게 해준다.

또한, **은퇴 후에는 자신의 취미나 관심사를 활용한 일자리를 찾는 것도 좋은 방법이다.** 은퇴 전에는 바쁜 직장생활로 인해 미처 집중하지못했던 취미나 관심 분야에서 일자리를 찾으면, 일을 하는 동시에 즐거움도 느낄 수 있다. 예를 들어, 요리나 공예, 글쓰기, 사진 촬영 등의 분야에서 프리랜서로 활동하거나 자신의 제품이나 작품을 판매하는 일은은퇴 후에도 의미 있고 지속 가능한 수입원이 될 수 있다. 이러한 일은단순한 경제적 소득을 넘어, 자아실현과 성취감을 동시에 충족시켜 준다.

창업도 은퇴 후 지속 가능한 소득원을 창출하는 하나의 방법이다. 자신의 경력을 바탕으로 소규모 창업을 하거나, 오랜 시간 관심을 가졌던 분야에서 새로운 사업을 시작하는 은퇴자들이 늘어나고 있다. 소규모 창업은 초기 비용이 많이 들지 않으며, 자신의 시간과 노력을 유연하게 조절할 수 있는 장점이 있다. 특히 인터넷과 디지털 플랫폼을 활용해 창업하면, 낮은 비용으로도 넓은 시장에 접근할 수 있다. 예를 들어, 온라인 쇼핑몰 운영, 디지털 콘텐츠 제작, 컨설팅 사업 등은 적은 비용으로 시작할 수 있는 창업 아이템들이다.

교육 및 멘토링은 은퇴자들이 자신의 지식과 경험을 활용해 수입을 창출할 수 있는 좋은 방법이다. 특히, 오랜 기간 특정 분야에서 경력을 쌓아온 사람들은 그 분야에서 후배나 젊은 세대에게 배움을 제공할 수 있다. 강의나 세미나를 통해 자신의 전문 지식을 전수하거나, 컨설턴트로서 조언을 제공하는 등의 활동은 은퇴 후에도 안정적인 수입원이 될 수 있다. 또한, 이러한 일자리는 시간적 유연성이 크기 때문에 은퇴 후의 생활 패턴에 맞춰 일할 수 있다.

끝으로, **자산을 활용한 소득원 확보도 지속 가능한 경제적 기반을 마련하는 데 도움이 된다.** 부동산 임대나 금융 투자에서 발생하는 수익은 은퇴 후에도 안정적인 소득을 제공할 수 있다. 은퇴 전부터 준비해 둔 자산을 통해 꾸준히 소득을 창출할 수 있는 구조를 만드는 것이 중요하다. 다만, 투자와 자산 관리에는 위험이 따르기 때문에 전문가의 도움을 받거나 충분한 지식을 바탕으로 신중하게 접근해야 한다.

무리한 투자와 창업, 리스크 회피의 중요성

　은퇴 후 재정 관리는 단순히 자산을 축적하는 것뿐만 아니라, 위험을 최소화하고 안정적인 소득을 유지하는 것이 핵심이다. 많은 은퇴자들이 은퇴 후에도 재정적 성장을 위해 부동산, 주식 투자 또는 창업을 시도하지만, 이러한 활동에는 항상 리스크가 따른다. 지나치게 공격적인 투자나 무리한 창업은 자산을 잃을 위험을 높이기 때문에 은퇴 후에는 안정성을 최우선으로 고려한 재정 관리가 필요하다.

　먼저, 부동산 투자는 전통적으로 많은 사람이 선호하는 자산 관리 방법 중 하나다. 장기적인 관점에서 부동산은 물가 상승을 방어하고 안정적인 수익을 창출하는 투자 수단으로 여겨진다. 하지만, **은퇴 후 부동산에 과도하게 투자하는 것은 위험할 수 있다.** 부동산은 유동성이 낮기 때문에, 갑작스러운 자금 필요가 발생했을 때 빠르게 현금화하기 어렵고, 시장 변동에 따라 자산 가치가 급락할 가능성도 있다. 또한, 부동산 가격이 하락하거나 공실이 발생할 경우, 기대했던 수익이 나오지 않거나 손실을 입을 수 있다. 은퇴 후에는 현금 흐름이 중요한데, 부동산 투자는 장기간 묶이는 자금이 많아 유동성 확보가 어려워질 수 있다. 따라서, 부동산 투자를 고려할 때는 투자 금액과 자산의 비율을 신중히 계산하고, 절대 무리하지 않는 범위 내에서 진행하는 것이 좋다.

주식 투자 또한 은퇴 후 큰 리스크를 수반할 수 있다. 주식 시장은 변동성이 크며, 특히 은퇴자들에게는 큰 손실을 감수할 여력이 충분하지 않다. 주식 시장에서 큰 수익을 기대하고 과도한 금액을 투자하면 시장의 변동에 따라 자산이 크게 줄어들 수 있다. 은퇴 후에는 장기적으로 시장 회복을 기다릴 시간이 충분하지 않을 수 있기 때문에 주식 시장의 급락에 대비한 안정적인 자산 배분이 필수적이다. 대신, 안정적인 배당주나 분산형 펀드 등 상대적으로 위험이 낮고 수익이 꾸준한 상품에 투자하는 것이 바람직하다. 공격적인 투자 전략을 고수하는 것은 은퇴 후 재정 관리에 있어 피해야 할 방법이다.

창업 역시 은퇴 후에 위험 요소가 많은 활동 중 하나다. 많은 사람이 은퇴 후 새롭게 시작하는 의미로 창업을 시도하지만, 통계적으로 창업 성공률은 높지 않다. 특히, 자본이 많이 필요한 창업은 실패할 경우 은퇴 자금을 크게 잃을 위험이 있다. 창업은 준비와 경험이 충분히 뒷받침되지 않으면 실패 확률이 높고, 새로운 사업 환경에 적응하는 것도 생각보다 어려울 수 있다. 또한, 창업 초기에는 자본이 많이 필요하고 안정적인 수익을 내기까지 시간이 걸리기 때문에 자산이 빠르게 소진될 가능성이 크다. 따라서 은퇴 후 창업을 고려할 때는 철저한 시장 조사와 계획이 필요하며, 무리하게 큰 자본을 투입하기보다는 소규모로 시작해 리스크를 최소화하는 것이 중요하다.

또한, **과도한 대출을 통한 투자는 은퇴 후 재정 관리를 망칠 수 있다.** 대출을 받아 부동산이나 주식에 투자하는 경우, 예상대로 수익이 나지 않으면 대출 상환 부담이 크게 늘어난다. 은퇴 후 정기적인 소득이 줄어들기 때문에 대출 상환에 어려움을 겪을 수 있으며, 이는 자산 손실로 이어질 수 있다. 대출을 활용한 투자는 리스크가 크기 때문에 은퇴 후에는 가급적 대출을 피하고, 자신의 자산 내에서 안전하게 운용하는 것이 바람직하다.

리스크를 줄이기 위한 분산 투자도 중요한 전략이다. 자산을 하나의 투자처에 집중하기보다는 여러 자산군에 분산 투자해 위험을 분산시키는 것이 재정 관리의 기본이다. 예를 들어, 부동산, 주식, 채권, 현금 등 다양한 자산에 자금을 분산함으로써 특정 자산의 가치가 하락해도 전체 자산의 손실을 줄일 수 있다. 특히, 채권과 같은 안정적인 자산은 변동성이 큰 자산을 보완할 수 있는 역할을 한다.

은퇴 후 재정 관리를 위해서는 안정적인 소득원에 집중하는 것이 가장 현명하다. 연금, 배당주, 임대료 수익 등 정기적인 현금 흐름을 창출하는 자산에 투자하는 것이 은퇴 후 재정적 안정에 도움이 된다. 이때, 지나친 수익을 기대하기보다는 안정적인 수익을 목표로 해야 한다. 안정적인 수입이 뒷받침되면 예기치 않은 재정적 위기에도 유연하게 대처할 수 있다.

은퇴 후 재정 관리는 안전성을 최우선으로 하여 무리한 대출이나 고위험 투자를 피하고, 리스크를 분산시키는 전략을 통해 자산을 안정적으로 관리하는 것이야말로 은퇴 후에도 돈 걱정 없는 삶을 사는 방법이다.

자료 : Dall-e

재미있는 퇴직/은퇴 STORY_ 03

| 은퇴 후에도 돈 걱정 없는 삶이 쉽지 않은 이유

① 의료 비용 증가: 나이가 들면서 의료 비용이 증가하는 것은 은퇴자에게 큰 재정적 부담이 된다.

② 수입 감소: 정규 직업에서의 수입 중단 후, 은퇴자는 퇴직연금이나 투자 수익에 의존하게 되며, 이들 수입원은 종종 불안정하다.

③ 수명 증가: 인간의 평균 수명 증가는 더 긴 은퇴기간 동안 지속적인 자금이 필요함을 의미한다.

④ 인플레이션의 영향: 물가 상승은 은퇴 자금의 실질적 가치를 저하시키며, 이로 인해 생활비 부담이 커진다.

⑤ 부족한 저축과 투자: 은퇴 준비가 부족하고, 투자가 충분히 이루어지지 않은 경우, 필요한 자금을 확보하기 어렵다.

⑥ 자녀 리스크: 자녀의 교육비, 결혼 자금 또는 경제적 독립을 지원하는 등 은퇴자의 재정에 부담을 줄 수 있다.

⑦ 부동산 및 투자의 변동성: 부동산 시장이나 주식 시장의 변동성은 은퇴자의 재정 상태에 큰 영향을 미칠 수 있다.

건강 관리 : 몸과 마음과의 균형 잡기

중장년기의 건강 관리 중요성

중장년기는 인생에서 중요한 전환기이며, 이 시기의 건강 관리는 은퇴 후 삶의 질을 결정짓는 핵심 요소다. 신체적 변화와 더불어 정신적, 감정적인 변화도 겪는 시기이기 때문에 건강을 적극적으로 관리하는 것이 필수적이다. 중장년기에 건강을 제대로 관리하지 않으면 은퇴 후 생활에서 크고 작은 질병과 불편함을 경험할 수 있으며, 이는 은퇴 후의 자유롭고 풍요로운 삶을 방해할 수 있다. 따라서, 이 시기에 올바른 건강 관리 습관을 형성하고 유지하는 것은 은퇴 이후에도 활기차고 즐거운 삶을 이어가는 데 매우 중요하다.

먼저, 신체적 변화를 이해하고 대처하는 것이 중요하다. 중장년기에 접어들면 자연스럽게 신체 기능이 저하되고, 근력과 골밀도가 감소하며, 대사 기능이 둔화된다. 이러한 변화는 신체적으로 취약해질 가능성을 높이고, 특히 만성질환의 발병 위험을 증가시킨다. 고혈압, 당뇨, 심혈관질환과 같은 질병들은 중장년기에 자주 발생하며, 이를 예방하기 위해서는 정기적인 건강 검진과 적극적인 예방 조치가 필요하다. 건강 검진을 통해 조기에 문제를 발견하고 적절한 치료를 받으면 장기적인 건강 문제를 예방할 수 있다.

체중 관리도 중장년기 건강 관리의 중요한 요소다. 나이가 들면서 기초대사량이 줄어들고, 이전과 같은 생활 패턴을 유지해도 쉽게 체중이 증가할 수 있다. 비만은 여러 가지 만성질환의 원인이 되며 관절 질환이나 심혈관 질환 등 건강 문제로 이어질 수 있다. 따라서 중장년기에는 적정 체중을 유지하기 위한 노력이 필요하다. 이를 위해서는 균형 잡힌 식단과 규칙적인 운동이 필수적이다. 칼로리가 높은 음식이나 가공식품을 피하고 영양소가 풍부한 식단을 유지하는 것이 건강한 체중 관리를 돕는다.

근력과 유연성 유지도 중장년기 건강 관리에서 매우 중요하다. 근력은 나이가 들수록 자연스럽게 감소하지만 꾸준한 운동을 통해 어느 정도 유지할 수 있다. 근력 운동은 근육을 강화하고, 골밀도를 높여 뼈와 관절 건강을 보호하는 데 도움이 된다. 또한, 유연성을 유지하는 운동을 병행하면 일상적인 움직임이 더 편안해지고 부상의 위험도 줄일 수 있다. 특히 나이가 들수록 넘어지거나 작은 사고로 인한 부상 위험이 커지기 때문에 운동을 통해 근력과 균형 감각을 유지하는 것이 중요하다.

정신 건강 역시 중장년기 건강 관리의 중요한 부분이다. 이 시기는 직장에서의 퇴직이나 자녀의 독립 등으로 인해 삶의 변화가 많아지는 시기다. 이러한 변화는 스트레스나 불안, 우울감을 유발할 수 있으며, 이는 신체 건강에도 영향을 미친다. 스트레스는 면역력을 약화시키고 만성질환의 위험을 높일 수 있다. 따라서 중장년기에는 스트레스 관리와 정신적 안정에 더욱 신경을 써야 한다. 명상이나 요가, 규칙적인 운동은 스트레스를 줄이고 정신적 안정을 가져오는 데 매우 효과적이다.

중장년기에는 사회적 관계도 건강에 중요한 영향을 미친다. 은퇴 후 직장에서의 사회적 관계가 줄어들면 고립감을 느끼기 쉬운데, 이는 정신 건강에 부정적인 영향을 줄 수 있다. 따라서 중장년기부터 새로운 사회적 활동을 찾고, 가족 및 친구들과의 관계를 강화하는 것이 필요하다. 동호회나 자원봉사 등 새로운 사회적 관계를 맺을 수 있는 활동에 참여함으로써 정서적 안정과 삶의 만족도를 높일 수 있다.

또한, **중장년기 건강 관리의 일환으로 규칙적인 수면 습관을 유지하는 것도 중요하다.** 나이가 들수록 수면의 질이 떨어지고 잠을 설치는 경우가 많아지는데, 이는 신체 회복과 정신 건강에 악영향을 미친다. 충분한 수면은 면역력 증진, 기분 조절, 기억력 강화 등 전반적인 건강을 유지하는 데 필수적이다. 수면의 질을 개선하기 위해서는 규칙적인 수면 시간과 건강한 수면 환경을 조성하는 것이 필요하다.

중장년기의 건강 관리는 은퇴 후의 삶을 보다 풍요롭고 활기차게 만들기 위한 필수적인 과정이다. 이 시기에는 신체적, 정신적 변화에 맞춰 적절한 대응이 필요하며, 체중 관리, 근력 유지, 정신적 웰빙, 사회적 관계 등 다양한 측면에서 건강을 챙기는 것이 중요하다.

신체적 건강과 정신적 웰빙의 조화

은퇴 후 건강한 삶을 유지하려면 신체적 건강과 정신적 웰빙의 균형을 맞추는 것이 필수적이다. 신체와 정신은 서로 깊이 연결되어 있어 한쪽이 건강하지 않으면 다른 쪽에도 부정적인 영향을 미친다. 중장년기와 은퇴 이후의 삶에서는 신체적 건강만큼이나 정신적 건강도 중요하며, 두 가지를 조화롭게 관리해야 더욱 활기차고 만족스러운 생활을 유지할 수 있다.

먼저, **신체적 건강은 은퇴 후에도 독립적이고 자유로운 생활을 영위하는 데 필수적인 요소다.** 신체 건강을 유지하려면 꾸준한 운동과 건강한 식습관이 중요하다. 규칙적인 운동은 체력을 유지하고, 면역력을 강화하며, 노화로 인한 신체 기능 저하를 늦추는 데 도움을 준다. 특히 유산소 운동은 심폐 기능을 향상시키고 혈압과 콜레스테롤 수치를 안정화시키는 데 효과적이다. 근력 운동은 근육 손실을 방지하고 골밀도를 유지해 골절 위험을 줄여준다. 이러한 운동은 신체적 건강을 지켜줄 뿐만 아니라, 스트레스를 완화하고 정신적 안정을 돕는다.

정신적 웰빙은 은퇴 후 삶의 만족도를 결정짓는 중요한 요소다.

은퇴 이후의 변화된 생활 리듬과 사회적 환경은 많은 이들에게 스트레스와 불안, 우울감을 유발할 수 있다. 정신적 건강을 유지하기 위해서는 먼저 자신이 겪는 감정 변화를 이해하고 받아들이는 것이 중요하다. 은퇴 후에는 직장생활에서 느꼈던 성취감이나 정체성이 흔들릴 수 있다. 이럴 때일수록 스스로에게 새로운 목표와 의미를 부여하는 것이 정신적 웰빙을 유지하는 데 큰 도움이 된다.

신체적 건강과 정신적 웰빙이 어떻게 상호작용하는지를 이해하면, 두 가지를 함께 관리하는 것이 얼마나 중요한지 알 수 있다. 규칙적인 운동은 단순히 신체를 단련하는 것 이상의 효과를 가지고 있다. 운동을 하면 몸에서 엔도르핀이 분비되어 기분이 좋아지고 스트레스가 해소된다. 이는 우울증과 불안감을 예방하는 데도 중요한 역할을 한다. 특히, 야외에서 햇볕을 쬐며 걷거나 자전거를 타는 등 자연과 함께하는 운동은 더 큰 정신적 안정감을 제공한다. 연구에 따르면 규칙적인 신체 활동은 우울증과 불안을 줄이는 데 매우 효과적이며, 수면의 질을 향상시키는 데도 도움이 된다. 즉, 신체 건강이 좋아지면 정신적 건강도 자연스럽게 좋아지게 되는 것이다.

정신적 웰빙은 또한 신체적 건강에도 직접적인 영향을 미친다. 스트레스나 불안이 계속되면 신체적 건강에도 부정적인 영향을 미칠 수 있다. 장기간의 스트레스는 면역 체계를 약화시키고, 혈압을 높이며, 심혈관 질환의 위험을 증가시킬 수 있다. 반대로 정신적으로 안정되고 행복한 상태에서는 신체가 더 빨리 회복되고 만성질환의 위험도 낮아진다. 따라서, 정신적 웰빙을 위해서는 자신의 감정을 관리하고 긍정적인 사고방식을 유지하는 것이 필수적이다.

정신적 웰빙을 유지하기 위한 좋은 방법 중 하나는 명상과 호흡법이다. 명상은 정신을 집중하고 마음을 차분하게 만들어 스트레스를 줄이고, 심리적 안정감을 느끼게 한다. 명상은 짧은 시간에도 큰 효과를 발휘할 수 있으며, 꾸준히 실천하면 정신적 웰빙뿐만 아니라 신체적 건강에도 긍정적인 영향을 미친다. 깊은 호흡을 통해 심박수를 안정시키고, 긴장을 푸는 연습을 하는 것만으로도 마음이 평온해지고, 몸의 긴장이 해소된다.

또한, 취미 활동을 통해 정신적 웰빙을 증진시킬 수 있다. 자신의 흥미를 찾고 즐거움을 느낄 수 있는 활동은 삶의 활력을 불어넣고 정서적으로 만족감을 준다. 그림 그리기, 글쓰기, 음악 듣기, 악기 연주, 정원 가꾸기 등 자신이 좋아하는 일을 하는 것은 스트레스를 줄이고 정신적 안정감을 제공한다. 이러한 활동은 뇌를 자극해 신경 회로를 활성화시키고, 나아가 인지 기능을 향상시키는 데도 도움이 된다.

가족 및 사회적 관계 역시 정신적 웰빙에 중요한 역할을 한다. 사회적 유대감은 정서적 안정과 행복감을 유지하는 데 필수적이다. 은퇴 후에도 친구, 가족과 정기적으로 만나고, 새로운 사회적 관계를 형성하는 것이 정신 건강에 긍정적인 영향을 미친다. 사회적 교류는 외로움을 예방하고, 서로 지지하는 관계 속에서 삶의 의미를 찾을 수 있게 한다.

꾸준한 운동과 식습관으로 건강 유지하기

꾸준한 운동과 올바른 식습관은 중장년기와 은퇴 후 건강을 유지하는데 있어 가장 중요한 두 가지 요소다. 나이가 들수록 신체의 자연스러운노화와 함께 기초대사량이 감소하고, 근육량과 뼈의 밀도가 줄어들기 때문에 적절한 운동과 영양 섭취는 더욱 필수적이다. 이 두 가지는 건강한신체뿐만 아니라 정신적 안정과 웰빙에도 중요한 역할을 한다.

먼저, **꾸준한 운동은 신체 건강을 유지하고 각종 질병을 예방하는데 매우 중요한 역할을 한다.** 중장년기에는 근육량이 급격히 감소하는데, 이는 신체 활동에 큰 영향을 미친다. 근육량이 줄어들면 일상적인움직임조차 어려워질 수 있고, 관절에 가해지는 부담이 커져 관절염이나골다공증 같은 질환이 발생할 가능성이 높아진다. 이때 근력 운동을 통해 근육량을 유지하거나 증가시키면 신체 기능이 개선되고, 뼈를 튼튼하게 유지하는 데 도움이 된다. 근력 운동은 무거운 웨이트가 아니더라도,가벼운 덤벨이나 체중을 이용한 운동으로도 충분히 효과를 볼 수 있다.

유산소 운동 역시 중요한 요소다. 걷기, 자전거 타기, 수영 등의 유산소 운동은 심폐 기능을 강화하고, 심혈관 질환의 위험을 줄이는 데 매우 효과적이다. 중장년기와 노년기에는 특히 고혈압, 당뇨병, 비만 등의 만성질환 위험이 커지기 때문에, 이를 예방하고 관리하는 데 유산소 운동이 필수적이다. 유산소 운동은 지방을 연소시키고 체중을 관리하는 데 도움을 줄 뿐만 아니라, 혈액 순환을 개선하고 스트레스를 줄이는 효과도 있다. 일주일에 3~4회, 하루 30분에서 1시간 정도의 유산소 운동을 꾸준히 하는 것이 건강 유지에 큰 도움이 된다.

스트레칭과 유연성 운동도 잊지 말아야 한다. 나이가 들수록 유연성이 떨어지기 때문에 스트레칭을 통해 관절과 근육을 풀어주고 유연성을 유지하는 것이 필요하다. 유연성 운동은 일상적인 움직임을 부드럽게 만들어 주고, 부상의 위험을 줄이며, 균형 감각을 향상시켜 낙상을 예방하는 데 큰 도움이 된다. 요가나 필라테스 같은 운동은 신체의 균형을 잡고 유연성을 높이는 데 효과적이며, 동시에 정신적인 안정도 가져다준다.

올바른 식습관 역시 신체 건강을 유지하는 데 핵심적인 역할을 한다. 나이가 들면 기초대사량이 감소하기 때문에 과거와 같은 식사량을 유지할 경우 비만이나 대사증후군 같은 문제가 발생할 수 있다. 따라서, 중장년기와 은퇴 후에는 식사량을 적절히 조절하고 균형 잡힌 식단을 유지하는 것이 중요하다.

단백질 섭취는 특히 신경 써야 할 부분이다. 근육량이 줄어드는 것을 막고 근력을 유지하려면 충분한 단백질을 섭취해야 한다. 육류, 생선, 두부, 콩류 등이 고단백 식품은 근육 회복과 유지에 도움이 되며 매일 적정량의 단백질을 섭취하는 것이 권장된다. 또한, 칼슘과 비타민 D는 뼈 건강을 지키는 데 중요한 역할을 한다. 나이가 들수록 골밀도가 낮아지고, 골절의 위험이 커지기 때문에 유제품, 녹황색 채소, 견과류 등을 통해 칼슘을 섭취하고, 햇볕을 자주 쬐며 비타민 D를 충분히 공급받아야 한다.

식이섬유의 섭취도 중요하다. 나이가 들수록 소화 기능이 저하되고 변비와 같은 소화 문제를 겪기 쉽다. 식이섬유가 풍부한 식품, 즉 과일, 채소, 통곡물 등을 충분히 섭취하면 소화 기능을 개선하고 배변 활동을 원활하게 할 수 있다. 또한, 식이섬유는 콜레스테롤 수치를 낮추고 심혈관 건강을 지키는 데 도움을 준다.

지방과 당분 섭취를 줄이는 것도 중요한 식습관 중 하나다. 나이가 들면 지방 대사가 둔화되고, 과도한 지방 섭취는 체중 증가와 혈관 건강에 악영향을 미친다. 포화 지방과 트랜스 지방이 많은 가공식품은 피하고, 대신 불포화 지방이 풍부한 올리브 오일, 견과류, 생선 등을 섭취하는 것이 좋다. 당분이 많은 음식과 음료는 혈당 수치를 급격히 높여 당뇨병의 위험을 증가시키므로 당분 섭취도 최소화해야 한다.

물 섭취 또한 신체 기능을 유지하는 데 중요한 역할을 한다. 수분이 부족하면 탈수로 인해 피로감을 느끼기 쉽고, 신체 기능이 저하될 수 있다. 하루에 적정량의 물을 마셔 몸에 필요한 수분을 공급해 주면 신진대사가 원활해지고 체내 노폐물 배출에도 도움이 된다.

마음 건강을 위한 명상과 취미 생활

은퇴 후에는 신체적 건강만큼이나 정신적 건강, 즉 마음의 건강을 유지하는 것이 매우 중요하다. 중장년기 이후의 삶에서 삶의 의미와 만족도를 높이기 위해서는 마음의 평화와 정서적 안정이 필수적이다. 이때 명상과 취미 생활은 정신적 웰빙을 증진시키는 데 매우 효과적인 도구로, 스트레스 관리와 긍정적인 삶의 태도를 유지하는 데 도움을 준다. 은퇴 후에도 마음의 건강을 잘 관리하면 일상의 만족도가 높아지고 활력 넘치는 삶을 유지할 수 있다.

먼저, **명상은 마음의 평화와 집중을 위한 매우 강력한 도구다.** 명상은 마음을 차분하게 가라앉히고, 불안이나 스트레스를 줄이는 데 도움을 준다. 은퇴 후에는 직장생활에서 느꼈던 스트레스는 줄어들 수 있지만, 오히려 새로운 불안이 생기기도 한다. 예를 들어, 경제적 불안, 사회적 역할 상실, 건강에 대한 염려 등이 은퇴자들에게 큰 심리적 부담으로 작용할 수 있다. 명상을 통해 이러한 부정적인 감정을 다스리면 더 나은 정서적 균형을 유지할 수 있다.

명상은 단순히 눈을 감고 호흡에 집중하는 것에서부터 시작할 수 있다. 하루 10분에서 20분 정도 꾸준히 실천하면 마음을 정리하고 감정을 안정시키는 효과를 얻을 수 있다. 명상을 할 때는 깊고 느린 호흡을 통해 현재의 순간에 집중하는 것이 중요하다. 이 과정을 통해 잡념을 내려놓고 현재에 몰입하며 마음의 고요함을 찾을 수 있다. 명상을 지속적으로 하면 마음의 평화가 깊어지고, 부정적인 생각이나 감정에서 벗어나 더 긍정적이고 명료한 사고를 할 수 있게 된다.

호흡법도 명상과 함께 마음 건강을 증진하는 중요한 방법이다. 특히 깊은 호흡을 통해 몸과 마음을 동시에 이완시킬 수 있다. 심호흡은 자율신경계를 조절해 스트레스를 줄이고 심리적 안정을 가져다준다. 규칙적으로 깊고 느린 호흡을 하면, 몸이 긴장 상태에서 벗어나고 마음도 자연스럽게 편안해진다. 이는 신체적 긴장을 해소하고, 동시에 불안과 우울감을 완화하는 데도 큰 도움이 된다.

취미 생활 역시 마음 건강을 지키는 중요한 방법이다. 은퇴 후의 여유로운 시간을 의미 있게 보내기 위해서는 자신의 흥미를 끌고 즐거움을 줄 수 있는 취미를 찾는 것이 중요하다. 취미는 삶에 활력을 불어넣고 자기 만족감과 성취감을 줄 수 있다. 은퇴 후에는 직장에서의 역할이 끝나면서 삶의 목적을 재정립할 필요가 있다. 이때 취미 생활을 통해 새로운 목표를 설정하고 몰입할 수 있는 활동을 찾는 것이 정신 건강에 큰 도움이 된다.

예를 들어, 예술 활동은 창의성을 발휘하면서 스트레스를 해소하는 데 매우 효과적이다. 그림 그리기, 음악 연주, 글쓰기 등은 내면의 감정을 표현하고 정서적인 치유를 돕는 활동이다. 이런 창의적인 활동은 감정적인 해방감을 주며, 동시에 성취감을 통해 자존감을 높여준다. 예술 활동은 단순한 취미를 넘어서 자신만의 방식으로 세상과 소통하는 방법이 될 수 있다.

정원 가꾸기나 요리 같은 취미는 손을 사용하는 활동을 통해 마음을 차분하게 만들어 준다. 이러한 활동들은 즉각적인 성취감을 주며, 일상에서 자연과 접촉할 기회를 제공한다. 또한, 요리는 가족과 함께 시간을 보내며 새로운 음식을 준비하는 즐거움을 줄 수 있다. 정원 가꾸기는 자연과의 교감을 통해 정신적 평온을 얻을 수 있으며, 자신이 가꾼 식물이 자라는 과정을 보며 만족감을 느낄 수 있다.

독서도 은퇴 후에 정신적 활력을 유지하는 데 좋은 방법이다. 독서는 새로운 지식과 영감을 제공하고 마음을 풍요롭게 만들어 준다. 특히 자기계발이나 심리학과 같은 분야의 책을 읽으면 자신의 내면을 돌아보는 계기가 되고, 더 나은 삶을 계획하는 데 도움을 받을 수 있다. 또한, 책 속의 인물이나 이야기를 통해 간접적으로 경험을 쌓고 다양한 사고방식을 배울 수 있다.

사회적 취미 활동도 마음 건강에 긍정적인 영향을 미친다. 동호회나 자원봉사 등에서 사람들과 교류하며 새로운 사회적 관계를 형성하는 것은 정신적 안정감을 높여준다. 은퇴 후 사회적 관계가 줄어들기 쉬운데, 취미를 통해 새로운 사람들을 만나고 교류하면서 고립감을 줄일 수 있다. 이러한 사회적 활동은 외로움을 예방하고 사회적 유대감을 강화하여 마음 건강을 유지하는 데 큰 도움이 된다.

07

가족과 함께하는 행복한 은퇴 생활

은퇴 후 가족과 관계 재정립

은퇴 후의 삶은 경제적 변화와 더불어 가족과의 관계에도 큰 변화를 가져온다. 은퇴 전에는 직장생활과 바쁜 일상으로 인해 가족과 보내는 시간이 제한적이었지만, 은퇴 후에는 가족과 함께 보내는 시간이 크게 늘어나면서 관계의 재정립이 필요해진다. 가족 간의 소통 방식과 역할 분담이 달라지고, 이러한 변화에 적응하지 않으면 은퇴 후의 삶이 불안정해질 수 있다. 성공적인 은퇴 후 생활을 위해서는 가족 구성원 간의 새로운 관계를 정의하고, 상호 존중과 소통을 기반으로 관계를 다시 세우는 것이 중요하다.

은퇴는 개인의 정체성에 큰 변화를 가져온다. 오랜 기간 직장에서의 역할에 충실했던 사람은 은퇴 후 가정 내에서 새로운 역할을 찾게 된다. 특히, 은퇴자는 직장에서의 직책이나 책임이 없어지면서 가정에서의 역할 변화를 겪게 된다. 이전에는 가족의 주된 경제적 부양자로서의 역할을 했다면, 은퇴 후에는 가정 내에서의 새로운 역할을 찾아야 한다.

많은 은퇴자들이 이 과정에서 혼란을 겪는다. 더 이상 직장이나 외부에서의 책임이 없는 상황에서 스스로 가치를 잃었다고 느낄 수 있으며,

이는 가족 간의 관계에 부정적인 영향을 미칠 수 있다. 반대로, 가정 내에서 새로운 책임을 맡거나 가족과의 관계를 다시 정립하면서 삶의 의미와 목표를 재발견할 수 있다.

가족과의 소통은 은퇴 후 새로운 관계를 정립하는 데 핵심적인 역할을 한다. 은퇴자는 더 많은 시간을 집에서 보내게 되면서 배우자와의 시간이 늘어나고, 자녀나 손주와도 더 자주 교류할 기회를 갖게 된다. 이러한 변화는 긍정적인 측면이 많지만, 동시에 갈등의 소지가 있을 수 있다.

오랜 시간 분리된 생활을 하다가 갑작스럽게 가까워지는 상황에서, 서로의 기대와 생활 방식의 차이로 인해 갈등이 발생할 수 있다. 예를 들어, 은퇴자는 이전과 다르게 가정에서의 생활을 주도하려 하거나, 자신의 의견과 방식을 강요할 수 있다. 이런 상황에서 중요한 것은 가족 구성원과의 열린 소통이다. 서로의 기대와 필요를 명확히 이야기하고, 서로의 의견을 존중하는 대화 방식을 통해 건강한 관계를 유지할 수 있다.

특히, 배우자와의 소통은 은퇴 후의 생활에서 가장 중요한 부분이다. 오랜 기간 서로 다른 일상에서 살아온 배우자들이 다시 공간과 시간을 공유하게 되면서 서로의 필요와 기대를 조율해야 한다. 이 과정에서 소통 부족이나 오해가 발생하지 않도록, 서로의 감정을 존중하고 협력적인 태도를 가지는 것이 중요하다.

은퇴 후 가족과의 관계 재정립 과정에서 중요한 부분 중 하나는 일상의 역할 분담이다. 은퇴 전에는 직장생활에 치중하면서 가정 내에서의 역할이 한정적이었을 수 있지만, 은퇴 후에는 더 많은 가사와 일상생활에서의 역할을 맡아야 한다. 이러한 변화는 부정적인 부담으로 느껴질 수 있지만, 긍정적인 참여로 받아들이면 은퇴 후 삶에 활력을 줄 수 있다.

가족 구성원들과 함께 역할을 나누는 것은 은퇴자의 일상에 목적을 부여할 뿐만 아니라, 가족 간의 유대감을 강화하는 데에도 도움이 된다. 예를 들어, 자녀와 함께 집안일을 분담하거나 손주를 돌보는 일, 배우자와 요리를 함께하는 등 가사와 생활 속 일을 분담하는 것이 은퇴 후의 일상을 풍요롭게 만들 수 있다.

가족 간의 관계 설정도 은퇴 후 중요한 요소다. 은퇴 후 부모로서, 배우자로서, 또는 조부모로서의 새로운 역할을 받아들이고 가족의 변화된 관계에 적응하는 것이 필요하다. 자녀들이 이미 독립적인 성인이 되었을 경우, 부모의 역할은 자녀의 삶을 지원하는 대신 지켜봐 주는 조언자로서의 역할로 전환되어야 한다. 지나친 간섭이나 지시보다는 자녀의 선택을 존중하고, 필요할 때 조언과 경험을 나눌 수 있는 건강한 관계를 유지하는 것이 중요하다.

또한, 손주와의 관계도 은퇴 후에 중요한 부분이 될 수 있다. 손주와 함께 시간을 보내며 세대 간 유대를 강화하고, 가족 내에서 새로운 기쁨을 찾을 수 있다. 이 과정에서 손주들과의 교류는 은퇴자의 정서적 안정과 삶의 보람을 높여주며, 동시에 가족의 결속을 더욱 단단하게 만들어준다.

자녀와의 소통, 역할 변화 이해하기

　은퇴 후 부모와 자녀 간의 관계는 큰 변화를 맞이한다. 부모가 직장생활에서 은퇴하게 되면, 자녀와의 소통 방식과 역할 변화에 대해 새롭게 고민해야 할 시점이 온다. 자녀가 이미 독립했거나 결혼을 한 경우에도, 부모와 자녀 사이에는 여전히 소통이 필요하다. 이 과정에서 부모는 자녀와의 관계가 단순히 물리적인 지원이 아닌, 심리적이고 정서적 지지로 전환되는 과정을 겪게 된다. 이러한 변화에 맞춰 적응하고 소통을 잘 유지하는 것이 은퇴 후 가족 간 원활한 관계를 지속하는 데 필수적이다.

　은퇴 전 부모는 자녀에게 주로 경제적 지원과 생활 지침을 제공하는 존재였다. 자녀가 학업을 마치고, 직업을 찾고, 결혼과 독립을 준비하는 과정에서 부모의 역할은 지시와 지도에 중점을 두는 경우가 많았다. 하지만 은퇴 후에는 부모가 자녀에게 더 이상 경제적 지원의 중심 역할을 하지 않으며, 자녀는 자율적인 삶을 살아가게 된다. 이때 부모는 자녀의 생활에 대해 지나치게 간섭하거나 지침을 주는 역할을 내려놓고, 조언자로서 감정적 지지를 제공하는 관계로 변화해야 한다.

　부모로서의 역할 변화는 자연스럽게 이루어지지 않을 수 있다. 부모는 자녀가 여전히 자신의 보호 아래 있다고 느낄 수 있으며, 자녀가 결정을 내리는 과정에서 참견하고 싶은 욕구가 생길 수 있다. 그러나 이 시점에서 부모는 자녀가 자신의 삶을 자율적으로 관리할 수 있도록 신뢰를 보내야 한다. 자녀가 스스로의 선택을 존중받고 있다고 느끼면, 부모와의 관계도 보다 건강하고 안정적으로 유지될 수 있다.

은퇴 후 부모와 자녀 간의 소통 방식은 매우 중요하다. 자녀가 독립한 이후에도 부모와 자녀는 자주 소통하고 서로의 감정을 공유할 수 있는 관계를 유지해야 한다. 특히 은퇴 후 부모가 느낄 수 있는 소외감이나 고립감을 줄이기 위해서는 자녀와의 정서적 교류가 중요한 역할을 한다.

부모는 자녀와 소통할 때 일방적인 대화가 아니라, 상호작용을 통해 자녀의 생각과 감정을 경청하는 태도가 필요하다. 자녀가 직장, 결혼 생활, 혹은 양육에서 겪는 어려움에 대해 이야기할 때, 부모는 조언을 주기보다는 경청하고 지지하는 역할에 집중해야 한다. 자녀에게 조언을 줄 때도, 명령조의 접근이 아니라 자녀의 의견을 존중하고, 그들이 스스로 해결책을 찾을 수 있도록 격려하는 방식이 중요하다.

이 과정에서 부모는 자신의 경험을 나누되, 자녀의 개인적 선택을 존중해야 한다. 자녀는 부모와의 소통에서 지지를 받는다는 느낌을 가질 때, 부모와의 관계에서 안정감을 느낄 수 있다. 이는 부모와 자녀 간의 갈등을 줄이고, 은퇴 후 부모에게도 정서적 안정을 제공하는 역할을 한다.

부모와 자녀 간의 관계는 은퇴 후 대등한 파트너십으로 발전할 수 있다. 자녀가 성인이 되면, 부모와 자녀 간의 상호 의존적인 관계보다는 상호 존중에 기반한 새로운 파트너십이 형성된다. 이 관계에서 부모는 자녀가 스스로의 삶을 주도할 수 있도록 지지하고, 자녀는 부모의 은퇴 후 삶에 정서적 지지를 제공하며 함께 성장할 수 있다.

이 과정에서 중요한 것은 자녀와의 역할 변화를 부모 스스로가 이해하고 수용하는 것이다. 자녀는 이제 더 이상 부모의 보호와 지도를 받는 대상이 아니라, 서로 의견을 나누고 삶을 공유하는 존재로 변화한다. 이러한 변화를 받아들이면 부모와 자녀 간의 관계는 더욱 유연해지고, 갈등이 줄어들며 긍정적인 관계로 발전할 수 있다.

은퇴 후 부모는 자녀의 독립을 적극적으로 지원해야 한다. 특히 자녀가 아직 독립하지 않았거나 경제적으로 부모에게 의존하고 있다면, 자녀가 독립된 경제생활을 할 수 있도록 도와주는 것이 중요하다. 부모는 자녀에게 지나치게 경제적 지원을 제공하거나 생활에 과도하게 개입하지 않고, 자녀가 스스로 독립적인 삶을 꾸려갈 수 있도록 믿고 기다리는 자세가 필요하다.

자녀가 독립한 후에도 부모는 자녀와의 관계에서 정서적 유대를 유지하며, 자녀의 성장을 지켜봐 주는 조언자로서의 역할을 할 수 있다. 자녀가 자신의 삶을 주도하면서도 부모와의 관계를 소중히 여기고, 부모는 자녀의 선택을 존중하며 신뢰하는 관계는 은퇴 후에도 가족 간의 건강한 소통을 이어가는 기반이 된다.

부부 관계를 새롭게 만드는 방법

은퇴 후 부부 관계는 이전과는 다른 새로운 국면을 맞이하게 된다. 은퇴 전에는 각자의 직장생활과 사회적 역할로 인해 바쁘게 살아가며 서로에게 상대적으로 시간을 덜 할애할 수밖에 없었다. 그러나 은퇴 후에는 많은 시간을 함께 보내게 되면서 부부간의 관계가 새롭게 변화할 필요가 있다. 이 시기에 부부 관계를 긍정적으로 변화시키고 재정립하는 것은 은퇴 후 행복한 삶을 지속하는 중요한 열쇠다.

은퇴 전에는 남편이 주로 경제적 부양자 역할을 맡고, 아내가 가정 내에서의 역할을 중점적으로 수행하는 경우가 많았다. 그러나 은퇴 후에는 이러한 역할 분담이 달라질 수 있다. 더 이상 직장에서 외부 활동을 통해 자신의 역할을 찾는 것이 아니라, 부부가 같은 공간에서 더 많은 시간을 보내며 서로의 생활 패턴을 조율해야 한다.

이 과정에서 발생할 수 있는 갈등은 서로가 가진 기대감의 차이에서 비롯된다. 남편은 오랜 시간 직장에서 활동하며 가정 내 일상에 덜 관여했던 경우가 많아, 은퇴 후에도 가정에서의 주도권을 아내가 갖고 있을 것이라는 기대를 할 수 있다. 반면 아내는 남편의 은퇴 이후 가정 내 역할 분담에 대한 재조정을 원할 수 있다. 이러한 변화 속에서 갈등을 줄이고 협력적 관계를 유지하려면 서로의 기대와 역할을 명확히 소통하는 것이 필요하다.

소통은 은퇴 후 부부 관계를 새롭게 정립하는 데 가장 중요한 요소다. 은퇴 후에도 서로의 욕구와 감정을 공유하지 않으면 오해가 쌓일 수 있고, 이는 갈등의 원인이 될 수 있다. 따라서 부부가 열린 대화를 통해 서로의 생각과 기대를 솔직하게 이야기하는 것이 중요하다.

특히, 서로가 원하는 생활 방식에 대해 미리 대화를 나누고, 은퇴 후의 일상을 어떻게 함께 만들어 갈지 합의를 보는 것이 필요하다. 은퇴 후에는 더 많은 공간과 시간을 함께하게 되는 만큼, 가정 내에서의 역할 분담을 비롯해 개인 시간에 대한 배려까지 상호 존중하는 태도를 유지해야 한다.

또한, 서로의 변화된 역할을 인정하고 긍정적인 피드백을 주는 것이 중요하다. 남편이 가정 내 일상에 더 적극적으로 참여하거나, 아내가 새로운 취미를 갖는 등 변화가 있을 때 이를 격려하고 지지하는 것은 부부 관계를 더욱 강화하는 데 도움이 된다.

은퇴 후에는 공통의 관심사를 바탕으로 새로운 활동을 함께 하면서 부부간의 유대를 강화할 수 있다. 직장에 다닐 때는 서로 다른 환경에서 생활하다가 은퇴 후에는 함께하는 시간이 많아지기 때문에, 공동의 목표를 세우고 함께하는 시간을 적극적으로 만들어 나가는 것이 중요하다.

여행: 많은 은퇴자들이 은퇴 후 새로운 취미로 여행을 선택한다. 여행은 단순히 일상에서 벗어나는 것뿐만 아니라, 새로운 경험을 함께 공유할

기회를 제공한다. 부부가 함께 여행을 계획하고 새로운 장소를 탐험하며, 공동의 추억을 쌓는 과정에서 서로의 감정적 유대는 더욱 깊어질 수 있다.

취미 생활: 부부가 함께 취미 생활을 즐기는 것도 관계를 새롭게 발전시키는 좋은 방법이다. 예를 들어, 요리나 정원 가꾸기, 운동 등 둘 다 흥미를 느끼는 활동을 함께함으로써 공통의 관심사를 만들어 갈 수 있다. 이러한 취미 생활은 단순한 일상의 반복에서 벗어나 새로운 에너지를 얻는 기회가 될 수 있으며, 서로의 협력을 통해 성취감을 함께 느낄 수 있다.

자원봉사나 사회적 활동: 부부가 함께 자원봉사 활동이나 지역 사회에서의 역할을 수행하는 것도 은퇴 후 부부 관계를 풍요롭게 만드는 방법이다. 자원봉사 활동은 다른 사람들을 돕는 보람과 함께, 부부가 공동의 목표를 가지고 사회에 기여하는 성취감을 경험할 수 있게 해준다. 이는 부부가 더 깊은 연대감을 형성하는 데 큰 도움이 된다.

부부가 함께하는 시간도 중요하지만, 각자의 개인 시간을 존중하는 것도 은퇴 후 건강한 관계를 유지하는 데 필수적이다. 은퇴 전에는 직장과 사회적 활동을 통해 개인적인 공간을 자연스럽게 유지할 수 있었지만, 은퇴 후에는 부부가 계속 함께 있게 되면서 독립적인 시간을 가질 기회가 줄어들 수 있다.

부부가 함께하는 시간을 많이 보내는 것도 중요하지만, 동시에 서로의 개인적인 필요와 취미를 존중하고 각자의 시산을 가질 수 있는 자율성을 허락하는 것도 중요하다. 서로에게 자유로운 공간을 제공함으로써 부부 관계는 더 건강하고 지속 가능하게 유지될 수 있다.

손주와 함께 보내는 시간, 세대 간 유대 강화

은퇴 후에는 자녀뿐만 아니라 손주와의 관계도 새로운 행복과 보람을 가져다준다. 손주와 함께 시간을 보내는 것은 세대 간 유대를 강화하고, 은퇴 후의 삶에 활력을 더해준다. 손주와의 교류는 단순히 시간을 보내는 것 이상의 의미가 있다. 이를 통해 은퇴자는 정서적 안정을 얻고, 손주에게는 삶의 지혜를 전수하는 기회를 가질 수 있다. 세대 차이를 넘어서 서로를 이해하고 존중하는 관계로 발전할 때, 가족 간의 연대는 더욱 깊어진다.

은퇴 후 손주와의 시간을 통해 얻는 세대 간 유대감은 매우 소중하다. 손주는 새로운 세대를 대표하며, 그들과의 교류는 은퇴자에게 젊은 세대의 변화와 트렌드를 이해하는 기회를 제공한다. 손주를 돌보는 과정에서 은퇴자는 자신이 유익한 영향을 끼칠 수 있다는 보람을 느끼고, 손주는 할아버지나 할머니와의 교류를 통해 안정감과 사랑을 느낄 수 있다.

손주와의 교류는 단순한 돌봄 이상의 세대 간 연결의 의미를 담고 있다. 은퇴자가 손주와 함께 시간을 보내면서 삶의 지혜를 전수하고, 손주에게 가족의 역사나 전통을 알려주는 것은 중요한 역할이다. 이러한 경험은 손주가 자신의 정체성을 형성하는 데 큰 영향을 미치며, 가족 간의 소속감을 느끼게 한다.

손주와의 시간을 더욱 의미 있게 보내기 위해서는 서로가 즐길 수 있는 다양한 활동을 함께하는 것이 좋다. 손주와의 활동은 단순한 놀이를 넘어, 서로가 교감하고 배우는 기회가 된다. 특히, 세대 간 차이를 극복하고 서로의 관심사를 존중하는 것이 중요하다.

놀이와 학습의 조화: 손주와 함께하는 놀이 활동은 유대감을 형성하는 좋은 기회다. 전통적인 놀이뿐만 아니라 디지털 기기나 인터넷을 활용한 활동도 좋은 선택이 될 수 있다. 예를 들어, 함께 퍼즐을 맞추거나, 보드게임을 하는 것은 두 세대가 함께 문제를 해결하고 협력하는 기회를 제공한다. 또한, 디지털 시대에 맞춰 손주에게 스마트폰 활용법을 배워보는 것도 손주에게 가까이 다가가는 좋은 방법이 될 수 있다.

자연 속에서의 활동: 손주와 자연 속에서 시간을 보내는 것도 좋은 방법이다. 산책을 하거나, 함께 정원을 가꾸는 활동은 손주가 자연을 느끼고 생태계에 대해 배우는 동시에, 조부모와 함께하는 시간이 얼마나 소중한지를 깨닫게 한다. 이러한 활동은 아이에게 건강과 자연의 가치를 알려줄 수 있을 뿐만 아니라, 은퇴자에게도 정신적 안정과 체력 유지에 도움을 준다.

창의적인 활동: 손주와 함께하는 창의적인 활동도 세대 간 유대를 강화하는 데 큰 도움이 된다. 예를 들어, 그림을 그리거나, 공작을 하는 것은

손주의 상상력을 키워주며, 은퇴자에게는 손주의 창의성을 통해 새로운 시각을 경험하게 한다. 이러한 과정에서 자연스럽게 서로의 차이를 존중하고 이해할 기회가 생긴다.

손주와 시간을 보내는 동안 은퇴자는 자기 삶의 경험과 가치관을 전수할 수 있다. 은퇴자는 손주에게 단순한 돌봄을 제공하는 역할을 넘어서, 그들이 인생에서 중요한 교훈을 배울 수 있도록 멘토 역할을 할 수 있다. 이는 은퇴자에게 삶의 의미를 부여하는 동시에, 손주가 인생의 방향을 설정하는 데 중요한 역할을 한다.

가족의 역사와 전통 공유: 손주와의 시간은 가족의 역사나 전통을 공유하는 좋은 기회다. 조부모는 자신이 경험한 역사적인 사건이나 가족 내의 중요한 이야기를 들려주며 손주에게 삶의 가치를 전달할 수 있다. 이러한 경험은 손주가 가족의 뿌리를 이해하고, 정체성을 형성하는 데 큰 도움이 된다.

삶의 지혜 전수: 은퇴자는 자신이 살아오면서 얻은 삶의 교훈을 손주에게 전할 수 있다. 이는 손주가 도전과 어려움을 마주할 때 유용한 조언이 될 수 있으며, 손주가 결정을 내릴 때 현실적인 지침이 될 수 있다. 이 과정에서 손주는 조부모로부터 책임감, 배려, 정직함 등 삶에서 중요한 가치를 배울 수 있다.

손주와의 관계를 더욱 돈독하게 만들기 위해서는 서로에 대한 존중이 필요하다. 특히 세대 간의 차이를 인식하고, 손주의 생각과 감정을 존중하는 것이 중요하다. 손주에게 너무 강압적이거나 자신의 경험을 일방적으로 강요하는 태도는 오히려 거리를 만들 수 있다.

손주의 관심사에 대해 열린 마음을 가지고, 그들이 좋아하는 것에 대해 호기심을 보이는 것은 관계를 더욱 친밀하게 만들어 준다. 손주가 디지털 기기나 새로운 기술에 관심이 있다면, 조부모도 이를 배우고 함께 공유하는 시간을 가질 수 있다. 이런 상호 존중을 통해 세대 간의 유대는 더욱 깊어질 수 있다.

08

디지털 역량 : 새로운 기술을
두려워하지 말라!

디지털 리터러시의 중요성

　디지털 시대에 은퇴 후의 삶을 더욱 풍요롭게 살기 위해서는 디지털 리터러시가 필수적이다. **디지털 리터러시란 단순히 컴퓨터나 스마트폰을 사용하는 기술을 넘어, 디지털 환경에서 정보를 찾아내고, 분석하고, 활용할 수 있는 능력을 의미한다.** 현대 사회에서 디지털 기기와 기술은 일상생활의 거의 모든 부분에 영향을 미치고 있기 때문에, 디지털 리터러시를 갖추는 것은 은퇴 후에도 사회적, 경제적으로 독립적이고 활발한 생활을 유지하는 데 매우 중요한 역할을 한다.

　디지털 리터러시가 중요해진 이유는 사회의 디지털 전환 때문이다. 정보 검색, 소통, 금융, 건강 관리 등 다양한 일상 활동이 이제는 대부분 디지털 기기를 통해 이루어진다. 은퇴 전까지는 직장에서 주어진 업무나 필요한 기술만 사용했을지 모르지만, 은퇴 후에는 스스로 다양한 디지털 도구를 활용할 줄 알아야 한다. 이러한 기술을 이해하고 적극적으로 활용할 수 있어야만 디지털 환경에서 발생하는 새로운 기회를 잡을 수 있다.

　첫 번째로, 정보의 접근과 활용 능력은 디지털 리터러시의 핵심이

다. 인터넷을 통해 원하는 정보를 검색하고, 그 정보를 분석해 올바르게 판단하는 능력은 현대 사회에서 매우 중요하다. 예를 들어, 은퇴 후 건강 정보를 찾거나, 금융 상품을 비교하거나, 다양한 여행 정보를 탐색하는 데 디지털 리터러시는 필수적이다. 특히, 건강 관리와 관련된 정보는 인터넷에 넘쳐나지만, 잘못된 정보도 많기 때문에 이를 정확히 선별하고 적용할 수 있는 능력이 필요하다. 신뢰할 수 있는 출처를 확인하고, 비판적으로 정보를 평가하는 디지털 리터러시는 은퇴 후에도 자기 주도적인 생활을 유지하는 데 도움을 준다.

두 번째로, 디지털 기기를 통한 소통은 사회적 유대감을 유지하는 데 중요한 역할을 한다. 이메일, 카카오톡, 페이스북 및 인스타그램 등 소셜미디어 같은 디지털 도구는 가족, 친구, 사회와의 관계를 유지하는 데 필수적이다. 은퇴 후에는 직장에서의 관계가 줄어들기 때문에, 디지털 기기를 통해 새로운 사회적 네트워크를 형성하거나 기존의 인간관계를 지속적으로 유지하는 것이 중요하다. 또한, 손주나 젊은 세대와 소통하는 데 있어서도 디지털 기기는 중요한 다리 역할을 한다. 예를 들어, 손주와 영상통화를 하거나, 소셜미디어에서 사진을 공유하면서 세대 간의 격차를 줄이고 더 가까워질 수 있다. 디지털 리터러시가 부족하다면 이러한 관계를 유지하는 데 어려움을 겪을 수 있다.

세 번째로, 금융 관리 역시 디지털 리터러시와 밀접하게 연결되어 있다. 은퇴 후에도 자신의 자산을 관리하고 재정을 계획하는 일은 매우 중요한데, 많은 금융 서비스가 이제는 디지털 플랫폼을 통해 제공된다. 온라인/모바일 뱅킹, 투자 관리 앱, 연금 조회 등은 모두 디지털 환경에서 이루어지며, 이를 활용하면 은퇴 후에도 효율적으로 자산을 관리할 수 있다. 예를 들어, 스마트폰이나 컴퓨터를 통해 손쉽게 계좌를 확인하고, 연금이나 보험 상품을 비교할 수 있으며, 투자 포트폴리오를 관리할 수 있다. 이러한 디지털 도구들을 능숙하게 다루면 재정 관리의 효율성이 높아지고, 불필요한 시간과 비용을 절감할 수 있다.

네 번째로, 일상생활에서의 디지털 기술 활용도 디지털 리터러시의 중요한 부분이다. 카페, 패스트푸드점, 식당 등에서 키오스크나 티오더(T-order)를 통해 음식을 주문하는 방식이 보편화되고 있다. 많은 사람이 대면 주문을 선호하지만, 이와 같은 디지털 주문 시스템을 활용하면 더 빠르고 간편하게 주문할 수 있으며, 줄을 서는 시간을 줄일 수 있다. 이 같은 기술을 잘 활용하면 대중교통을 이용할 때도 유용하다. 예를 들어, 고속버스, 열차, 항공기 예매는 이제 대부분 디지털 플랫폼을 통해 이루어진다. 스마트폰 애플리케이션을 통해 쉽게 교통편을 예약하고, 시간과 비용을 절약할 수 있다. 이러한 일상적인 디지털 도구들을 익히는 것은 은퇴 후 독립적이고 편리한 생활을 유지하는 데 매우 중요한 역할을 한다.

다섯 번째로, 건강 관리에서도 디지털 리터러시가 필요하다. 최근 많은 헬스케어 기기와 애플리케이션이 출시되어 개인의 건강 상태를 모니터링하고 관리하는 데 도움을 준다. 예를 들어, 스마트워치를 사용해 심박수를 측정하거나, 수면 패턴을 분석하는 등 건강 데이터를 활용할 수 있다. 또한, 병원 예약, 의약품 관리, 의료 기록 조회 등도 디지털 기기를 통해 더욱 편리하게 할 수 있다. 디지털 리터러시가 부족할 경우, 이러한 유용한 도구들을 제대로 활용하지 못해 건강 관리에 어려움을 겪을 수 있다.

여섯 번째로, 평생학습을 위해서도 디지털 리터러시는 매우 중요하다. 은퇴 후에도 끊임없이 배우고 성장하기 위해서는 온라인 학습 도구를 활용할 줄 알아야 한다. 인터넷에는 무료 강의나 유료 교육 플랫폼을 통해 다양한 지식과 기술을 배울 기회가 많다. 은퇴 후에도 새로운 언어나 취미, 또는 기술을 배우기 위해 온라인 강의를 듣거나, 유튜브 동영상 등을 통해 정보를 습득하는 것은 매우 보람된 활동이다. 디지털 리터러시가 갖춰져 있으면, 은퇴 후에도 자기계발의 기회를 놓치지 않고 더 넓은 세상과 연결될 수 있다.

마지막으로, 디지털 리터러시는 사이버 보안 측면에서도 필수적이다. 은퇴 후에 디지털 기기를 사용하면서 피싱 사기나 해킹 같은 사이버 범죄에 노출될 위험이 크다. 온라인에서 안전하게 거래를 하고, 개인정보를 보호하는 방법을 알고 있어야만 이러한 위험에서 벗어날 수 있다. 신뢰할 수 있는 웹사이트를 사용하는 법, 강력한 비밀번호 설정, 2단계 인증 등의 기초적인 보안 지식을 익히는 것이 필요하다. 이러한 지식은 은퇴 후에도 안전한 디지털 생활을 보장해 준다.

이처럼 디지털 리터러시는 은퇴 후 삶을 풍요롭고 독립적으로 살기 위해 필수적인 역량이다. 디지털 환경에서 정보를 찾고 소통하며, 금융과 건강을 관리하는 능력은 은퇴 후에도 삶의 질을 높이는 데 중요한 역할을 한다. 또한, 평생학습을 통해 새로운 지식을 습득하고, 디지털 기기의 잠재력을 최대한 활용할 수 있는 능력은 은퇴 후에도 지속적인 성장을 가능하게 해준다.

은퇴 후 일상에서 활용할 수 있는 기술들

디지털 기술은 은퇴 후의 삶을 더욱 편리하고 풍요롭게 만들 수 있는 중요한 도구다. 많은 은퇴자들이 디지털 기술에 익숙하지 않거나 새로운 기술을 배우는 것에 대한 두려움을 느낄 수 있지만, 현대 사회에서 다양한 디지털 도구들은 일상을 편리하게 하고 새로운 기회를 제공한다. 은퇴 후에도 이러한 기술을 잘 활용하면 더 독립적이고 즐거운 생활을 할 수 있다. 특히, 스마트 기기와 다양한 애플리케이션(앱)은 생활의 질을 높이고, 새로운 방식으로 일상 활동을 지원해 준다.

첫 번째로, 스마트폰과 태블릿은 은퇴 후 일상에서 필수적인 도구다. 스마트폰은 전화와 메시지 기능 외에도 인터넷 검색, 일정 관리, 카메라, 비디오 통화 등 다양한 기능을 제공한다. 또한, 스마트폰 앱을 통해 은퇴자들이 일상에서 필요한 여러 서비스를 편리하게 이용할 수 있다. 예를 들어, 스마트폰을 통해 고속버스, 기차, 항공편 예약을 할 수 있으며, 실시간으로 교통 상황을 확인하거나 예매한 표를 관리하는 것도 가능하다. 이러한 기술은 은퇴 후 여행을 계획하거나 친구, 가족을 방문할 때 매우 유용하다. 또한, 모바일 뱅킹 앱을 통해 은행에 가지 않고도 손쉽게 계좌를 관리하고, 송금이나 지출 내역을 확인할 수 있다.

온라인 쇼핑 역시 일상에서 매우 중요한 디지털 기술이다. 은퇴 후에는 이동이 불편하거나 시간이 많지 않을 수 있는데, 온라인 쇼핑을 통해 편리하게 물품을 구매할 수 있다. 인터넷에서 다양한 상품을 검색하고 비교할 수 있으며, 주문 후 집까지 배송되는 서비스를 받을 수 있다. 특히 신선식품, 생활용품 등을 손쉽게 주문할 수 있어, 외출이 어려운 상황에서도 필요한 물품을 편리하게 구할 수 있다. 이는 대형마트나 시장에 가지 않아도 필요한 물건을 구할 수 있는 큰 장점이다.

두 번째로, 키오스크(Kiosk)와 티오더(T-order) 같은 무인 주문 시스템을 이용하는 방법도 중요한 기술이다. 최근 카페, 패스트푸드점, 식당 등에서 키오스크를 통해 직접 주문을 하거나, 테이블 위의 태블릿을 활용한 티오더와 같은 주문 시스템으로 테이블에서 바로 음식을 주문하는 방식이 널리 사용되고 있다. 이러한 기술은 빠르고 간편하게 원하는 음식을 주문할 수 있게 해준다. 디지털 기기를 활용한 주문은 기다리는 시간을 줄여주고, 현장에서 혼잡하게 주문하는 번거로움을 줄여준다. 특히 언어 장벽이나 의사소통이 어려운 경우에도 화면을 통해 직관적으로 주문할 수 있어 은퇴자들에게 매우 유용한 도구가 된다.

세 번째로, 헬스케어 앱과 기기는 은퇴 후 신체적 건강을 관리하는 데 중요한 역할을 한다. 은퇴 후에는 건강 관리가 더욱 중요해지는데, 스마트워치와 같은 웨어러블 기기나 헬스케어 앱을 사용하면 일상에서 쉽게 자신의 건강 상태를 체크할 수 있다. 심박수, 걸음 수, 수면 패턴, 칼로리 소모량 등을 측정하고, 기록된 데이터를 통해 자신의 건강 상태를 모니터링할 수 있다. 또한, 이러한 앱은 정기적으로 건강 관리 목표를 설정하고, 운동 계획을 세워주는 기능도 제공한다. 예를 들어, 하루에 몇 걸음을 걸었는지, 얼마나 많은 칼로리를 소모했는지 등의 데이터를 통해 운동 목표를 설정하고, 꾸준히 관리할 수 있다.

병원 예약 및 처방 관리 앱도 일상에서 매우 유용한 도구다. 은퇴 후에는 병원을 자주 방문하거나 처방약을 복용해야 하는 경우가 많다. 이때 병원 예약 시스템을 통해 쉽게 진료 예약을 하거나, 처방전을 관리하고 약국에서 바로 약을 받을 수 있는 앱을 사용할 수 있다. 디지털 기술을 통해 병원을 방문하기 전 기다리는 시간을 줄이고, 예약을 효율적으로 관리할 수 있어 편리함을 더해준다.

네 번째로, 생성형 AI(Generative AI) 기술은 일상생활을 더욱 풍요롭게 만드는 최신 도구다. 챗GPT와 같은 생성형 AI는 개인 비서처럼 활용할 수 있으며, 다양한 질문에 대한 답변을 제공하고 복잡한 문제를 해결하는 데 도움을 준다. 예를 들어, 은퇴 후 건강 관련 정보나 금융 관리에 대한 조언이 필요할 때 AI를 활용해 유용한 정보를 찾을 수 있다. 또한, 일상적인 일정 관리, 이메일 작성, 여행 계획 세우기 등 복잡한 작업도 AI의 도움을 받아 간단하게 해결할 수 있다. 생성형 AI는 다양한 언어로 번역을 제공하거나, 창의적인 아이디어를 제안하는 데도 매우 유용하다. 은퇴 후 새로운 취미를 시작하거나 자녀 및 손주들과의 소통을 위해 기술적 도움을 받을 수 있는 매우 강력한 도구다.

다섯 번째로, 내비게이션과 교통 앱은 이동을 도와주는 중요한 기술이다. 은퇴 후에도 자가용을 운전하거나 대중교통을 이용할 때, 내비게이션 앱을 통해 가장 빠르고 효율적인 경로를 찾아 이동할 수 있다. 또한, 버스나 지하철, 고속버스 및 기차 티켓을 스마트폰으로 예약하고,

실시간 교통 정보를 확인할 수 있는 교통 앱은 여행이나 외출 시 큰 도움이 된다. 고속버스와 열차, 항공기 예매도 앱을 통해 간편하게 할 수 있으며, 언제든지 예약을 확인하거나 변경할 수 있다. 더 이상 복잡한 절차를 거칠 필요 없이 손쉽게 원하는 교통편을 선택할 수 있어 이동의 편리함을 크게 증대시킨다.

마지막으로, 소셜 미디어와 메시징 앱은 은퇴 후에도 사회적 관계를 유지하고, 새로운 사람들과 소통하는 데 매우 유용한 도구다. 카카오톡, 라인, 페이스북, 인스타그램 같은 소셜 미디어와 메시징 앱을 통해 친구나 가족과 연락을 주고받고, 사진과 소식을 공유할 수 있다. 특히 은퇴 후에는 대면으로 만나는 기회가 줄어들 수 있는데, 이러한 디지털 소통 도구를 활용하면 언제 어디서나 손쉽게 소식을 주고받고, 사회적 연결을 유지할 수 있다. 손주들과 비디오 통화를 하거나, 친구들과 그룹 채팅을 통해 일상을 나누는 것은 은퇴 후에도 삶의 활력을 유지하는 좋은 방법이다.

은퇴 후 일상에서 활용할 수 있는 디지털 기술은 매우 다양하며, 이를 적극적으로 활용하면 생활이 더욱 편리하고 풍요로워진다. 스마트 기기와 앱, 생성형 AI를 통해 금융, 건강, 교통, 쇼핑, 콘텐츠 창출 등 다양한 영역에서 일상을 쉽게 관리할 수 있으며, 소통과 사회적 관계를 유지하는 데도 큰 도움이 된다. 디지털 기술을 두려워하지 않고 배우고 활용하는 것이 은퇴 후에도 독립적이고 활기찬 생활을 이어가는 중요한 열쇠다.

스마트 기기와 플랫폼 활용법 배우기

디지털 시대에 스마트 기기와 다양한 플랫폼을 효과적으로 활용하는 것은 은퇴 후 삶의 질을 높이는 데 필수적인 기술이다. 스마트폰, 태블릿, 컴퓨터와 같은 기기는 단순한 통신 수단을 넘어 일상생활을 더욱 편리하게 만드는 도구로 자리 잡았다. 은퇴 후에도 이런 기기들을 잘 활용하면 건강 관리, 재정 관리, 대인관계 유지, 정보 탐색 등 다양한 영역에서 큰 도움을 받을 수 있다. 이를 위해서는 스마트 기기와 플랫폼 활용법을 배우는 것이 중요하다.

스마트폰은 오늘날 거의 모든 사람이 사용하는 필수 기기다. 전화와 문자 외에도 스마트폰은 다양한 애플리케이션(앱)을 통해 여러 가지 기능을 제공한다. 스마트폰의 가장 기본적인 활용법은 전화, 문자메시지 외에 인터넷 브라우저를 통한 정보 검색, 이메일 확인 및 송수신, 카메라 기능을 사용한 사진 및 동영상 촬영이다. 하지만 이외에도 각종 앱을 통해 일상생활을 더욱 편리하게 할 수 있다.

예를 들어, 은퇴 후의 식사 준비나 외식이 번거롭다면 배달앱을 이용해 간편하게 음식을 주문할 수 있다. 배달의 민족, 요기요, 쿠팡이츠 같은 배달앱은 손쉽게 다양한 음식점을 검색하고, 메뉴를 선택해 바로 집으로 음식을 배달받을 수 있게 도와준다. 특히 외출이 어려운 날이나 집에서 간단하게 식사를 해결하고 싶을 때 매우 유용하다. 배달앱은 사용법이 간단하며, 앱에서 직접 결제도 가능하기 때문에 복잡한 절차 없이 간편하게 이용할 수 있다.

여행을 계획하고 있다면 여행앱을 활용해 다양한 정보를 얻고 예약을 할 수 있다. 야놀자, 에어비앤비, 아고다 등의 앱을 사용하면 호텔, 펜션, 게스트하우스 등 숙소 예약이 가능하고, 여행지에서 즐길 수 있는 다양한 활동도 추천받을 수 있다. 또한, 트립닷컴이나 스카이스캐너 같은 항공권 예약 앱을 통해 저렴한 항공권을 비교하고 예약할 수 있다. 여행지를 미리 탐색하고 현지의 교통, 날씨, 맛집 등 유용한 정보를 얻을 수 있어 여행 준비 과정에서 시간을 절약하고 편리하게 계획을 세울 수 있다.

온라인 플랫폼을 통한 다양한 서비스 이용법을 배우는 것도 중요하다. 예를 들어, 은퇴 후 금융 관리를 위해 모바일 뱅킹 앱을 활용하면 은행 방문 없이도 손쉽게 계좌를 확인하고 송금이나 결제 등의 금융 업무를 처리할 수 있다. 많은 은퇴자들이 기존의 은행 업무에 익숙하지만 스마트폰을 통해 이러한 업무를 처리하면 시간과 비용을 절약할 수 있다. 또한, 증권 앱을 통해 은퇴 후 자산을 관리하거나 투자할 수 있는 다양한 기회를 쉽게 탐색할 수 있다.

헬스케어 플랫폼 역시 건강 관리에 중요한 역할을 한다. 은퇴 후 건강이 중요한 만큼, 스마트워치나 건강 관리 앱을 사용하면 자신의 신체 활동을 추적하고 건강 상태를 모니터링할 수 있다. 예를 들어, 하루 동안 얼마나 많은 걸음을 걸었는지, 심박수는 어떤 상태인지, 수면 패턴이 어떤지 등을 실시간으로 확인할 수 있다. 이러한 데이터를 활용해 건강 목표를 설정하고 매일의 활동을 계획할 수 있다. 또한, 병원 예약 앱이나 약국 앱을 통해 간편하게 병원 예약을 하거나 처방약을 관리하는 것도 가능하다. 이는 은퇴 후 정기적인 건강 관리를 더욱 효율적으로 할 수 있게 해준다.

스마트 기기를 통한 온라인 쇼핑도 생활의 편리함을 더하는 중요한 기술이다. 예전에는 직접 마트나 시장에 가야 했던 쇼핑을 이제는 스마트폰을 통해 쉽게 할 수 있다. 쿠팡, 네이버 쇼핑 같은 쇼핑 플랫폼은 은퇴자들에게 편리한 쇼핑 경험을 제공하며 생활용품, 신선식품 등을 집에서 편리하게 주문할 수 있다. 특히 거동이 불편하거나 외출이 어려운 상황에서 이러한 기술은 매우 유용하다. 사용법을 익히고 나면 대형마트에 가는 시간과 노력을 절약할 수 있다.

대중교통 앱과 티켓 예매 앱도 은퇴 후 일상생활에서 큰 도움을 준다. 고속버스, 기차, 항공권 등을 예매할 수 있는 코레일톡, 고속버스모바일, SRT 앱은 실시간으로 운행 정보와 남은 좌석을 확인할 수 있어 편리하게 교통편을 예약할 수 있다. 스마트폰을 통해 예매한 티켓을 QR코드로 확인하고 출발 전에 현장에서 종이 티켓을 받을 필요 없이 바로 탑승할 수 있어 번거로움을 줄일 수 있다. 또한 카카오맵, 구글 지도 같은 대중교통 안내 앱을 사용하면 실시간 버스 위치와 도착 시간을 확인할 수 있어 복잡한 도시에서도 쉽게 대중교통을 이용할 수 있다.

키오스크(Kiosk)와 티오더(T-order) 같은 무인 주문 시스템도 스마트 기기 활용법의 한 부분이다. 카페, 패스트푸드점, 식당에서 많이 사용하는 키오스크를 이용하면 대기 시간을 줄이고 빠르고 간편하게 음식을 주문할 수 있다. 이러한 주문 시스템은 디지털 친화적인 방법으로 음식을 선택하고 결제까지 할 수 있기 때문에, 은퇴자들이 일상에서 기술적 편리함을 체험할 수 있는 중요한 도구다. 또한, 티오더를 통해 테이블에서 직접 스마트폰으로 메뉴를 주문하고 결제할 수 있어 더 편리하게 외식 경험을 할 수 있다.

마지막으로, 스마트 기기와 플랫폼을 사용하면서 사이버 보안을 고려하는 것이 중요하다. 비밀번호 관리, 이중 인증 등 보안 기능을 잘 이해하고 적용해야만 안전하게 디지털 생활을 유지할 수 있다. 은퇴 후에도 금융 거래나 개인정보 관리가 대부분 온라인에서 이루어지기 때문에 보안에 대한 기본적인 지식을 가지고 있어야 한다. 생성형 AI 같은 새로운 기술을 활용해도 개인정보 보호는 항상 우선시되어야 하며, 이를 위해 신뢰할 수 있는 플랫폼만 사용하고, 의심스러운 링크나 메시지를 클릭하지 않는 것이 중요하다.

평생학습 : 나를 위한 지속적인 기술 습득

디지털 시대에서 평생학습은 더 이상 선택이 아닌 필수다. 특히 은퇴 후에도 새로운 기술을 배우고 자기계발을 지속하는 것은 더 풍요롭고 활기찬 삶을 살기 위한 중요한 열쇠다. 기술은 빠르게 발전하고 있으며, 이를 따라잡지 않으면 일상생활에서 불편을 느낄 수 있을 뿐만 아니라 사회와의 연결이 약해질 수 있다. 따라서 은퇴 후에도 지속적인 기술 습득을 통해 디지털 환경에서 더욱 능동적이고 독립적인 생활을 유지할 수 있어야 한다.

평생학습은 단순히 새로운 지식을 배우는 것을 넘어, 자신의 삶에 맞는 기술을 적용하고 활용하는 과정이다. 디지털 기술의 발전으로 이제는 언제 어디서나 학습이 가능하다. 특히 스마트폰이나 태블릿을 활용한 온라인 학습 플랫폼은 은퇴 후 학습에 가장 적합한 도구다. 유튜브, MOOC(Massive Open Online Courses), 에드엑스(edX), 코세라(Coursera) 등 다양한 온라인 교육 플랫폼을 통해 은퇴자도 손쉽게 학습할 수 있다. 이러한 플랫폼은 대부분 무료 또는 저렴한 비용으로 제공되며, 다양한 주제와 수준의 강의를 제공한다. 은퇴 후에도 기술, 예술, 건강 등 다양한 분야에서 흥미를 느끼는 주제를 배우고 적용할 수 있다.

유튜브는 평생학습의 강력한 도구다. 유튜브에는 다양한 강의 영상이 있으며, 기술 습득부터 취미 생활에 이르기까지 폭넓은 주제를 다루고 있다. 예를 들어, 스마트폰 사용법, 앱 활용법, 사진 촬영 기술 등 기술적인 부분을 쉽게 배울 수 있는 영상들이 많다. 또한, 스마트 기기를 처음 사용하는 은퇴자들도 유튜브를 통해 기본적인 기기 사용법을 익히고, 필요한 정보를 찾을 수 있다. 학습 과정에서 궁금한 점이 있으면 실시간으로 답을 얻을 수 있는 장점도 있다.

MOOC와 같은 온라인 교육 플랫폼은 더 체계적인 학습 경험을 제공한다. 이들 플랫폼에서는 다양한 대학과 교육 기관의 강의를 무료로 제공하며, 원하는 주제를 선택해 수강할 수 있다. 디지털 기술 습득부터 창의적인 취미 생활, 건강 관리, 재정 관리에 이르기까지 은퇴 후에 필요한 주제를 선택해 자신의 학습 여정을 설계할 수 있다. 이를 통해 평생학습의 즐거움을 느끼며, 새로운 도전에 대한 자신감을 키울 수 있다.

디지털 리터러시 학습은 기술 습득의 첫걸음이다. 디지털 리터러시는 단순히 기기를 사용하는 방법을 배우는 것에 그치지 않고, 정보를 검색하고 분석하며, 이를 효과적으로 활용하는 능력을 포함한다. 이를 위해 디지털 문해력을 키우는 것이 중요하다. 예를 들어, 구글 검색을 통해 정확한 정보를 찾아내고, 이를 비판적으로 분석해 자신의 상황에 맞게 활용하는 방법을 배우는 것은 중요한 기술이다. 디지털 시대에 이러한 능력은 개인의 독립성을 높이고, 다양한 정보 속에서 현명한 선택을 할 수 있도록 도와준다.

평생학습의 또 다른 중요한 측면은 새로운 기술과 도구에 대한 두

려움을 극복하는 것이다. 새로운 기술을 배우는 과정에서 낯설고 복잡하게 느껴질 수 있지만, 이를 피하지 않고 천천히 접근하는 것이 중요하다. 학습 과정에서 실수를 두려워하지 않고, 차근차근 익혀가는 것이 디지털 기술 습득의 핵심이다. 학습에 필요한 리소스를 활용하고, 필요할 경우 가족이나 친구, 또는 지역 커뮤니티에서 디지털 기술을 잘 아는 사람의 도움을 받는 것도 좋은 방법이다. 이를 통해 혼자서 모든 것을 해결하려는 부담을 덜고, 학습 과정에서 더 즐거움을 느낄 수 있다.

또한, **언어 학습이나 창의적 활동도 평생학습의 중요한 부분이다.** 은퇴 후 새로운 언어를 배우는 것은 두뇌를 자극하고, 사고력을 향상시키는 데 매우 효과적이다. 언어 학습 앱인 듀오링고(Duolingo), 밥블(Babbel) 등을 통해 새로운 언어를 배우면 여행을 즐기거나 손주들과 소통할 때 더 많은 기회를 가질 수 있다. 또한, 사진, 음악, 미술과 같은 창의적인 활동도 온라인 강의를 통해 배울 수 있다. 이러한 활동은 은퇴 후 새로운 취미를 개발하는 데 도움을 주며 삶의 활력을 불어넣는다.

소셜 미디어 활용법도 평생학습의 일환으로 배워야 할 중요한 기술이다. 페이스북, 인스타그램, 카카오톡 같은 소셜 미디어 플랫폼은 가족과 친구, 지역 사회와의 연결을 유지하는 데 유용하다. 소셜 미디어는 정보 교환, 의견 나눔, 그리고 다양한 행사나 모임 정보를 제공하는 커뮤니케이션 수단으로 매우 유용하다. 은퇴 후 사회적 관계를 유지하고 새로운 사람들과 소통하는 데 큰 도움이 될 수 있다.

마지막으로, 평생학습에서 중요한 점은 꾸준함이다. 새로운 기술이나 지식을 한 번에 완벽하게 습득할 필요는 없다. 천천히, 꾸준히 학습해 나가는 과정 자체가 중요한데, 이는 지속적인 자기계발을 가능하게 하고, 은퇴 후에도 성취감과 삶의 의미를 유지하는 데 도움을 준다. 학습은 단순히 지식을 얻는 것을 넘어, 삶을 더욱 풍요롭게 만들고 새로운 기회를 발견하는 과정이다.

평생학습은 은퇴 후 삶의 질을 향상시키고, 새로운 기술과 도구를 습득함으로써 독립적이고 활기찬 생활을 유지하는 데 중요한 역할을 한다. 디지털 시대에 맞춰 새로운 기술을 배우고, 다양한 온라인 학습 자원을 활용하는 것은 은퇴자들에게 지속적인 성장과 즐거움을 제공할 것이다.

자료 : Dall-e

| 은퇴자가 알면 편하고 효율적인 앱

① 카카오톡

② 유튜브

③ 포털 : 네이버, 구글

④ 지하철 : 카카오맵, 지하철종결자

⑤ 지도 앱 : 카카오맵, 네이버지도, 구글맵

⑥ 택시앱 : 카카오T

⑦ 철도앱 : 코레일톡, SRT

⑧ 버스 : 고속버스, 전국버스 앱, 카카오버스

⑨ 쇼핑 : 쿠팡, 11번가, 네이버쇼핑

⑩ 내비게이션 : 티맵, 카카오내비

⑪ 금융 앱 : 토스, 각 은행, 증권사

⑫ 생성형 AI : 챗GPT, 구글 제미나이, 코파일럿, 네이버 큐

⑬ 운동 : 캐시워크, 만보기

⑭ 배달앱 : 배달의민족, 쿠팡이츠, 요기요

⑮ 병원 : 굿닥 등

09

사회적 네트워크 확장 :
외로움에서 벗어나기

은퇴 후 고립감을 극복하는 방법

은퇴 후 많은 사람이 경험하는 주요 문제 중 하나는 고립감이다. 직장에서의 일과가 끝나고 일상적인 사회적 관계가 줄어들면서, 사회적 연결이 약해지고 고립감을 느끼기 쉽다. 이는 특히 가족과 떨어져 지내거나 친구들과의 접촉이 줄어드는 상황에서 더 심화될 수 있다. 고립감은 정서적, 정신적 건강에 악영향을 미칠 수 있으며, 심한 경우 우울증이나 불안으로 이어질 수 있다. 따라서 은퇴 후에는 고립감을 극복하고 건강한 사회적 관계를 유지하기 위한 전략이 필수적이다.

고립감을 극복하는 첫 번째 방법은 일상에서 사회적 연결을 유지하는 것이다. 사람들과의 소통은 심리적 안정과 삶의 만족도를 높이는 중요한 요소다. 은퇴 전 직장생활에서 자연스럽게 형성되었던 사회적 관계들이 은퇴 후 사라지기 쉽기 때문에 이를 대체할 새로운 사회적 관계를 의도적으로 형성할 필요가 있다. 이를 위해 정기적인 연락과 만남을 계획하는 것이 중요하다. 가까운 친구나 가족과의 전화, 메시지, 비디오 통화 등을 통해 지속적으로 소통을 유지하고, 가능한 한 정기적으로 만남을 가지는 것이 좋다. 특히 요즘은 소셜 미디어와 메시징 앱을 통해 쉽게 연락할 수 있기 때문에, 이러한 도구들을 잘 활용하면 관계를 유지하는 데 큰 도움이 된다.

두 번째로, 취미나 관심사를 바탕으로 새로운 사회적 관계를 형성하는 것도 고립감을 극복하는 데 효과적이다. 은퇴 후에는 여유로운 시간이 많아지기 때문에, 그 시간을 의미 있게 보내기 위해 새로운 취미를 개발하거나 동호회에 참여할 수 있다. 동호회는 비슷한 관심사를 가진 사람들과 만나 소통할 수 있는 좋은 기회를 제공하며, 이는 자연스럽게 새로운 인간관계를 형성하는 데 도움을 준다. 예를 들어, 등산, 사진, 독서, 음악 감상 등 자신이 좋아하는 활동에 맞는 동호회에 참여하면 공통의 주제를 통해 쉽게 다른 사람들과 교류할 수 있다. 이는 단순히 취미를 즐기는 것을 넘어 자신의 생활에 새로운 활력을 불어넣고 정서적 지지를 얻는 데도 중요한 역할을 한다.

세 번째로, 자원봉사 활동은 사회적 고립감을 극복하고 동시에 사회에 기여할 수 있는 좋은 방법이다. 자원봉사를 통해 새로운 사람들을 만나고 그들과 협력하며 의미 있는 일을 할 수 있다. 특히 은퇴 후 시간이 많아진 만큼 자신이 가지고 있는 지식과 경험을 활용해 지역 사회나 비영리 단체에서 봉사 활동에 참여하면 보람을 느낄 수 있다. 자원봉사는 은퇴 후 사회에서의 역할 상실로 인한 정체성의 혼란을 완화해 주고, 다시금 사회적 유대감을 형성하는 데 중요한 기회를 제공한다. 예를 들어, 지역 도서관에서 책을 정리하거나, 청소년 멘토링 프로그램에 참여하는 것처럼 자신이 할 수 있는 작은 일부터 시작하면 된다. 이는 단순히 외로움을 해소하는 것을 넘어 자신의 존재가치를 다시금 확인할 기회가 된다.

네 번째로, 정기적인 신체 활동이나 운동 모임에 참여하는 것도 고립감을 해소하는 데 큰 도움이 된다. 운동은 신체적 건강뿐만 아니라 정신적 건강에도 긍정적인 영향을 미치며, 특히 운동을 통해 새로운 사람들을 만나면 사회적 유대감을 형성할 수 있다. 동네 피트니스 센터에서 요가나 필라테스 수업에 참여하거나, 공원에서 걷기 모임에 나가는 등 신체 활동을 하면서 다른 사람들과 교류할 수 있다. 이를 통해 자연스럽게 대화를 나누고 비슷한 관심사를 공유하는 사람들과의 관계를 형성할 수 있다.

또한, 배움의 기회를 활용해 새로운 사람들을 만나고 사회적 관계를 확장할 수 있다. 은퇴 후에는 새로운 기술이나 지식을 습득하기 위해 강좌나 워크숍에 참여할 수 있다. 지역 문화센터나 온라인 학습 플랫폼을 통해 배움을 추구하는 과정에서 비슷한 관심을 가진 사람들과 교류할 수 있다. 예를 들어, 새로운 언어를 배우거나, 미술 수업을 듣는 과정에서 자연스럽게 교류하고, 새로운 친구를 사귀는 계기가 될 수 있다.

마지막으로, 긍정적인 사고방식을 유지하는 것도 고립감을 극복하는 데 중요한 요소다. 은퇴 후 사회적 연결이 끊어진다고 해서 스스로 고립되는 것이 아니라 새로운 기회를 찾아 나서야 한다. 나이와 상관없이 사람들과의 교류는 언제나 가능하며, 이를 통해 자신에게 맞는 새로운 사회적 관계를 구축할 수 있다. 또한, 적극적으로 자신의 관심사를 찾아나서고 새로운 경험을 받아들이는 열린 마음이 필요하다. 이는 새로운 사람들과의 관계 형성을 돕고 삶에 긍정적인 변화를 가져다줄 것이다.

동호회, 자원봉사, 커뮤니티 활동 참여하기

은퇴 후 활기차고 풍요로운 삶을 유지하기 위해 중요한 요소 중 하나는 사회적 네트워크를 지속적으로 확장하고 사회적 관계를 형성하는 것이다. 동호회, 자원봉사, 커뮤니티 활동은 은퇴 후 사회적 고립을 예방하고, 새로운 사람들과 교류하며 의미 있는 활동에 참여할 수 있는 좋은 기회를 제공한다. 이러한 활동은 은퇴 후에도 삶의 활력을 유지하는 데 큰 도움이 되며, 동시에 사회에 기여하는 보람을 느끼게 한다.

첫 번째로, 동호회 참여는 은퇴 후 새로운 인간관계를 형성하는 데 매우 유용하다. 동호회는 공통의 관심사를 가진 사람들이 모여서 활동하는 그룹으로, 취미와 관심사를 공유할 수 있어 사회적 고립에서 벗어나는 좋은 방법이다. 예를 들어, 등산, 독서, 음악, 사진, 요가 등 다양한 분야의 동호회가 있으며, 이러한 활동을 통해 비슷한 취미를 가진 사람들과 소통하고 새로운 친구를 사귈 수 있다. 동호회는 단순히 취미 활동을 함께하는 것을 넘어서 정기적으로 만남을 가지며 삶의 이야기를 나누고, 서로에게 긍정적인 에너지를 줄 수 있는 관계를 형성할 수 있다.

특히, 은퇴 후에는 신체 활동이 중요한데, 운동 관련 동호회에 참여하면 건강을 유지하는 동시에 사회적 관계를 확장할 수 있다. 걷기 모임, 자전거 동호회, 골프 모임 등은 신체적으로도 건강을 유지하게 해줄 뿐만 아니라, 같은 목표를 가진 사람들과의 관계를 통해 정서적으로도 안정감을 준다. 규칙적으로 운동을 하면 신체적 건강이 증진될 뿐 아니라, 함께 운동하는 사람들과 유대감이 생기면서 정서적 만족감도 커진다. 이러한 동호회 활동은 삶의 질을 높이고 활기차고 긍정적인 삶을 지속하는 데 큰 역할을 한다.

두 번째로, 자원봉사 활동은 은퇴 후 새로운 목적을 찾고, 사회에 기여할 기회를 제공한다. 자원봉사는 다양한 분야에서 이루어질 수 있는데, 지역 사회에서 필요한 일을 돕거나, 도움이 필요한 이웃을 지원하는 활동을 포함한다. 예를 들어, 도서관에서 책 정리, 공공기관에서 행정 업무 지원, 청소년 멘토링 등 자원봉사는 본인이 가진 지식과 경험을 바탕으로 사회에 환원할 수 있는 좋은 방법이다. 특히 은퇴 후에는 사회적 역할 상실로 인해 정체성에 혼란을 느낄 수 있는데, 자원봉사를 통해 다시금 의미 있는 사회적 역할을 수행하면서 자존감을 회복하고, 긍정적인 에너지를 얻을 수 있다.

자원봉사는 단순히 타인을 돕는 활동을 넘어서 자신에게도 큰 보람과 성취감을 안겨준다. 자원봉사 활동을 통해 사람들과 교류하고 협력하는 과정에서 자연스럽게 사회적 네트워크가 확장되며 정서적으로도 풍요로운 삶을 살 수 있다. 봉사 활동 중에 만난 사람들과의 유대는 은퇴 후의 사회적 고립감을 완화하는 데 큰 도움이 되며, 더 나아가 봉사하는 마음으로 사회에 긍정적인 영향을 미치는 존재가 된다는 자긍심도 얻게 된다.

세 번째로, 커뮤니티 활동 참여는 은퇴 후에도 지역 사회와의 연결을 유지하고, 더 나은 사회를 만들어 가는 데 기여할 수 있는 중요한 방법이다. 지역 커뮤니티에서 주최하는 다양한 활동에 참여하면, 자연스럽게 이웃과의 관계를 형성하고, 지역 사회의 일원으로서 역할을 할 수 있다. 지역 커뮤니티 활동은 봉사뿐만 아니라, 문화 행사, 축제, 학습 모임 등 다양한 형태로 이루어지며, 은퇴 후에도 지역 사회에서 활발하게 활동할 기회를 제공한다.

예를 들어, 지역 도서관에서 주최하는 독서 모임에 참여하거나, 지역 축제 준비 위원회에 참여하는 것은 커뮤니티 내에서 새로운 사람들을 만나고, 지역 사회와 긴밀한 관계를 형성할 수 있는 좋은 기회다. 이러한 커뮤니티 활동은 자발적인 참여로 이루어지며, 자신이 할 수 있는 만큼 기여할 수 있어 부담 없이 즐길 수 있다. 또한, 커뮤니티 내에서 이루어지는 다양한 활동에 참여하면서 이웃들과 더 가까워지고, 지역 사회에 대한 소속감을 느낄 수 있다.

특히, 커뮤니티 활동은 새로운 배움의 기회를 제공할 수 있다. 은퇴 후에도 끊임없이 배우고 성장하고자 하는 열망을 충족시킬 수 있는 학습 모임이나 워크숍이 자주 열리기 때문이다. 예를 들어, 지역 공방에서 열리는 도예 수업, 온라인 콘텐츠 제작 워크숍 등에 참여하면 새로운 기술을 배우는 동시에 비슷한 관심사를 가진 사람들과 교류할 수 있다. 이러한 과정에서 자연스럽게 인간관계를 넓히고 고립감을 해소하는 데 큰 도움이 된다.

다양한 인간관계 속에서 얻는 긍정 에너지

은퇴 후에도 활기찬 삶을 살기 위해서는 다양한 인간관계를 유지하고 확장하는 것이 매우 중요하다. 인간관계는 단순히 사회적 연결망을 의미하는 것을 넘어 정서적 안정과 심리적 지지를 제공하는 중요한 원천이 된다. 다양한 인간관계 속에서 얻는 긍정 에너지는 은퇴 후 삶의 질을 높이는 데 결정적인 역할을 하며, 이는 외로움을 극복하고 은퇴 후에도 새로운 도전을 이어갈 수 있는 동력으로 작용한다.

첫 번째로, 인간관계는 정서적 안정감을 제공한다. 인간은 사회적 존재로 다른 사람들과의 교류를 통해 소속감을 느끼고 삶의 의미를 찾는다. 특히 은퇴 후에는 직장에서 얻었던 사회적 위치와 역할이 줄어들기 때문에 새로운 형태의 인간관계를 통해 정서적 지지를 받을 필요가 있다. 가까운 가족, 친구, 동료와의 관계는 정서적인 지원을 제공하고 삶에서 직면하는 어려움을 함께 나눌 수 있는 든든한 버팀목이 된다. 이러한 관계 속에서 느끼는 소속감과 지지는 은퇴 후 고립감을 예방하고 더 긍정적인 삶의 태도를 유지하는 데 도움이 된다.

가족 관계는 은퇴 후에도 중요한 인간관계 중 하나다. 배우자, 자녀, 손주와의 관계는 심리적으로 큰 안정감을 준다. 은퇴 후 가족과 더 많은 시간을 보내게 되면서 관계를 재정립하고 서로에게 정서적 지지를 주고받을 수 있다. 특히 손주들과의 관계는 세대 간의 연결고리를 강화하는 동시에 활력과 젊음을 느끼게 하는 긍정적인 영향을 준다. 또한, 자녀들과의 소통을 통해 노년기에도 계속해서 중요한 역할을 담당할 수 있다는 느낌을 받을 수 있다. 이러한 가족 관계는 단순한 의무를 넘어서 서로를 존중하고 사랑하는 관계 속에서 자연스럽게 긍정적인 에너지를 만들어 낸다.

두 번째로, 친구 및 사회적 네트워크는 은퇴 후에도 삶의 질을 높이는 중요한 요소다. 직장 동료와의 관계는 은퇴 후에도 이어질 수 있으며 직장 외의 새로운 사회적 관계를 형성하는 것 역시 중요하다. 은퇴 후에는 동호회, 자원봉사, 커뮤니티 활동 등을 통해 다양한 사람들을 만나고 교류할 수 있다. 이러한 활동에서 만난 새로운 사람들과의 교류는 새로운 시각을 제공하고 다양한 삶의 경험을 나누는 기회를 준다. 이를 통해 자신의 삶을 다시 돌아보고 더 긍정적이고 활기찬 생활 방식을 유지할 수 있다.

사회적 네트워크는 정서적 지지뿐만 아니라 새로운 도전을 할 수 있는 동기 부여의 원천이 된다. 예를 들어, 새로운 취미를 시작하거나 자원봉사 활동을 하면서 비슷한 관심사를 가진 사람들과의 교류는 삶에 활력을 불어넣고 도전 정신을 자극할 수 있다. 이 과정에서 느끼는 성취감과 긍정적인 피드백은 자신감을 높이고 더 나은 삶을 살기 위한 원동력이 된다.

세 번째로, 다양한 세대와의 교류는 특히 은퇴 후 새로운 에너지를 얻는 데 큰 도움이 된다. 동년배와의 관계는 공감과 이해를 바탕으로 한 깊은 교류를 가능하게 하지만, 젊은 세대와의 소통은 신선한 시각과 활기를 더해준다. 손주를 포함한 젊은 세대와 교류하면 새로운 기술이나 트렌드에 대해 배우고, 그들과의 대화를 통해 세대 차이를 좁히며 서로에게 긍정적인 영향을 줄 수 있다. 또한, 젊은 사람들과의 교류는 세대 간의 다리 역할을 하며 자신이 여전히 사회의 일원으로서 역할을 하고 있다는 느낌을 줄 수 있다. 이는 자기 효능감을 높이고 사회적 가치와 연대감을 느끼게 한다.

자원봉사나 멘토링 활동을 통해 후배나 젊은 세대에게 자신의 경험과 지식을 전수하는 것은 또 다른 긍정 에너지를 얻는 방법이다. 은퇴 후에도 자신의 경력과 경험을 활용해 다른 사람을 돕는 활동은 큰 보람을 느끼게 해주며 자신의 삶에 대한 만족도를 높이는 데 기여한다. 이러한 교류는 단순히 도움을 주는 것을 넘어 교류하는 과정에서 자신도 많은 것을 배우고, 새로운 관점을 얻게 되는 이점을 제공한다.

마지막으로, 감정적 교류와 긍정적인 대화는 인간관계에서 중요한 부분이다. 사람들과의 대화 속에서 긍정적인 에너지를 주고받는 것은 정신적, 정서적 건강에 매우 유익하다. 비슷한 경험을 나누고, 서로의 고민을 이해해 주는 과정에서 우리는 더 깊은 유대감을 형성할 수 있다. 특히 긍정적이고 따뜻한 대화를 나누는 사람들과의 관계는 스트레스를 해소하고 기분을 북돋우는 효과가 있다. 이처럼 서로에게 힘이 되는 인간관계 속에서 자연스럽게 긍정 에너지가 생기며, 이는 은퇴 후에도 활기차고 만족스러운 삶을 이어가는 데 큰 도움이 된다.

다양한 인간관계 속에서 얻는 긍정 에너지는 은퇴 후 삶을 더 건강하고 풍요롭게 만든다. 가족, 친구, 동호회, 자원봉사 활동을 통해 맺는 다양한 인간관계는 정서적 지지와 함께 새로운 도전과 활력을 제공한다. 이 과정에서 우리는 외로움에서 벗어나고, 더 의미 있는 삶을 살아가는 힘을 얻게 된다.

가족과 사회적 관계를 건강하게 유지하는 법

은퇴 후에는 가족과 사회적 관계를 어떻게 유지하고 발전시키느냐가 삶의 질을 결정하는 중요한 요소가 된다. 은퇴는 직장에서의 일과 인간관계가 자연스럽게 축소되는 시기일 수 있지만, 그와 동시에 가족과의 시간을 더 많이 보내고, 새로운 사회적 관계를 형성할 기회이기도 하다. 가족 관계와 사회적 관계를 건강하게 유지하는 것은 은퇴 후에도 정서적으로 안정되고 풍요로운 삶을 영위하는 데 필수적이다.

첫 번째로, 가족과의 관계를 건강하게 유지하는 것은 은퇴 후 행복한 삶의 중요한 요소다. 은퇴 후에는 배우자, 자녀, 손주 등과 보내는 시간이 늘어나며, 이를 통해 가족 간의 유대감을 강화할 기회가 많아진다. 하지만, 오히려 가까워진 만큼 갈등이 생기기도 한다. 따라서 가족 관계를 원만하고 건강하게 유지하려면 서로의 공간과 역할을 존중하는 것이 중요하다. 배우자와의 관계에서는 각자 독립적인 시간을 존중하면서도 함께하는 시간을 균형 있게 유지하는 것이 필요하다. 은퇴로 인해 많은 시간을 함께 보내게 되면서 생길 수 있는 갈등을 줄이기 위해 서로의 취미나 관심사에 대한 이해와 존중이 중요하다.

또한, 자녀와의 관계는 은퇴 후 중요한 정서적 지지의 원천이다. 하지만 은퇴 후 자녀에게 과도한 기대를 하거나, 지나치게 의존하려고 하면 관계가 오히려 불편해질 수 있다. 자녀들이 독립적인 성인으로서 자신의 생활을 꾸려가도록 지나친 간섭을 피하고 그들의 결정을 존중하는 것이 중요하다. 은퇴 후 자녀와의 관계를 건강하게 유지하기 위해서는 부모로서의 역할을 새로운 방식으로 받아들이고 성인 자녀와 대등한 관계를 형성하려는 노력이 필요하다. 가벼운 대화와 정기적인 연락을 통해 소통을 지속하되 자녀가 필요할 때는 언제든 도움을 줄 수 있는 든든한 지원자가 되는 것이 이상적이다. 손주와의 관계 역시 은퇴 후 삶에 활력을 불어넣는 중요한 요소다. 손주들과 보내는 시간은 은퇴자의 삶에 큰 기쁨을 주며 젊은 세대와의 교류는 새로운 에너지를 제공한다. 손주들과의 시간을 더 많이 보내는 것이 자연스러운 일이지만, 이때 중요한 점은 부모의 양육 방식을 존중하는 것이다. 손주를 돌보는 과정에서 자녀와의 갈등을 피하려면 부모의 양육 철학을 존중하고 그에 맞춰 역할을 수행하는 것이 중요하다. 손주들에게는 재미있고 신뢰할 수 있는 조부모로서 역할을 하되 자녀에게 부담을 주지 않도록 조심해야 한다.

두 번째로, 사회적 관계를 건강하게 유지하는 것도 은퇴 후 삶의 질에 큰 영향을 미친다. 사회적 관계는 정서적 안정과 활력을 제공하며 은퇴 후의 외로움을 예방하는 중요한 수단이다. 이때 중요한 것은 기존의 관계를 잘 유지하는 동시에 새로운 인간관계를 확장하는 것이다. 은퇴 후에는 직장 동료들과의 관계가 줄어들 수 있지만, 동창 모임이나 친구들과의 정기적인 만남을 통해 지속적으로 사회적 관계를 유지할 수 있다. 또한, 새로운 사회적 관계를 형성하기 위해 동호회나 커뮤니티 활동에 참여하는 것도 좋은 방법이다.

사회적 네트워크를 확장하는 것은 단순히 만남을 가지는 것을 넘어 깊이 있는 인간관계를 형성하는 데 있다. 은퇴 후 시간이 많아진 만큼 기존의 관계를 깊게 발전시키는 데 시간을 할애할 수 있다. 친구들과의 만남에서는 단순한 안부 인사에서 벗어나 서로의 삶에 대해 깊이 있는 대화를 나누고, 관심사나 경험을 공유하는 것이 중요하다. 이를 통해 감정적인 연결을 강화하고 서로에게 긍정적인 영향을 줄 수 있다.

세 번째로, 정기적인 소통을 통해 관계를 유지하는 것이 필요하다. 가족이나 친구들과의 관계에서 중요한 것은 일관된 소통이다. 예를 들어, 정기적으로 전화나 메시지, 이메일을 통해 연락을 유지하는 것이 관계를 건강하게 유지하는 기본적인 방법이다. 소통은 반드시 특별한 일이 있어야만 하는 것이 아니라, 일상적인 이야기나 가벼운 대화를 통해서도 충분히 이루어질 수 있다. 이때 중요한 점은 서로의 시간을 존중하면서도 꾸준한 관심과 애정을 표현하는 것이다.

마지막으로, 자기 자신과의 관계도 중요하다. 건강한 가족 및 사회적 관계를 유지하려면 자신을 먼저 돌보고 자신의 감정과 욕구를 잘 이해하는 것이 필요하다. 은퇴 후에는 새로운 자아상을 형성하고 자신의 시간과 공간을 존중하는 것이 중요하다. 자신의 감정을 잘 관리하고 건강한 정신적·신체적 생활을 유지함으로써 더 나은 대인관계를 형성할 수 있다. 이를 위해 혼자만의 시간을 활용해 독서나 취미 생활, 명상을 통해 자기 자신과 소통하는 것이 필요하다. 자신이 행복해야 가족과의 관계에서도 긍정적인 에너지를 줄 수 있고 사회적 관계에서도 주체적으로 참여할 수 있다.

가족과 사회적 관계를 건강하게 유지하는 것은 은퇴 후 삶을 풍요롭게 만드는 핵심 요소다. 서로의 공간과 역할을 존중하며, 정기적인 소통과 함께 깊이 있는 인간관계를 유지하려는 노력은 가족과의 유대를 강화하고, 새로운 사회적 관계를 형성하는 데 중요한 역할을 한다. 은퇴 후에도 이러한 관계를 지속적으로 유지하고 발전시키면 정서적 안정과 함께 삶의 만족도를 크게 높일 수 있다.

자료 : Dall-e

| 은퇴의 충격을 완화하기 위한 7가지 팁

① 긍정적 태도 유지: 은퇴를 새로운 기회와 변화의 시기로 받아들인다.

② 사회적 관계 강화: 친구, 가족, 동료들과의 관계를 유지하고 새로운 사회적 연결을 형성한다.

③ 유연성 발휘: 상황이 예상치 못하게 변할 때 유연하게 대응할 수 있도록 마음을 열어둔다.

④ 목표 재설정: 은퇴 후의 삶에 적합한 새로운 목표를 설정한다.

⑤ 지속적 학습: 새로운 취미나 기술을 배우는 것을 계속하면 뇌가 활성화되고 자신감이 생긴다.

⑥ 자기 돌봄 실천: 정기적인 운동, 취미 활동, 충분한 휴식과 같은 자기 관리를 통해 정신적, 육체적 건강을 유지한다.

⑦ 전문가 상담: 은퇴 계획, 재정 관리, 심리적 지원 등 필요한 분야에서 전문가의 도움을 받는다.

3부

제2의 커리어와 새로운 도전!

10

은퇴 후에도 일할 수 있다 :
재취업과 창업 전략

은퇴 후 재취업 시장의 변화

은퇴 후에도 경제활동을 이어가려는 사람들이 증가하고 있으며, 이에 따라 재취업 시장도 빠르게 변화하고 있다. 과거에는 정년을 맞이하면 경제활동을 멈추는 것이 일반적이었지만, 오늘날에는 평균 수명의 증가와 삶의 질 향상에 대한 관심이 커지면서 은퇴 후에도 재취업을 통해 제2의 경력을 쌓고자 하는 사람들이 늘고 있다. 이와 더불어, 디지털 기술의 발달과 산업 구조의 변화는 은퇴자들이 참여할 수 있는 일자리의 종류와 형태를 다양하게 만들었다. 이제 은퇴 후 재취업은 단순한 생계 유지 이상의 의미를 가지며 자기계발과 사회적 참여의 중요한 수단으로 자리 잡고 있다.

첫 번째로, 재취업 시장의 변화에서 눈에 띄는 트렌드는 파트타임과 유연 근무제의 확산이다. 과거에는 은퇴 후에도 풀타임 직업을 찾는 경우가 많았지만, 이제는 자신이 원하는 시간에 맞춰 일할 수 있는 파트타임 일자리를 선호하는 경향이 강해지고 있다. 이는 은퇴자들이 일과 삶의 균형을 맞추면서, 자신의 경험과 지식을 살려 경제활동을 이어갈 기회를 제공한다. 또한, 파트타임 일자리는 업무 강도가 낮고, 기존에 익숙했던 경력이나 기술을 활용할 수 있는 경우가 많기 때문에 은퇴자들이 부담 없이 일할 수 있는 좋은 선택지로 떠오르고 있다.

유연 근무제 역시 은퇴 후 재취업 시장에서 중요한 요소다. 이제는 고정된 시간에 출퇴근을 하는 방식에서 벗어나, 자신이 원하는 시간과 장소에서 일할 수 있는 일자리가 많아졌다. 이러한 유연한 근무 환경은 은퇴자들이 자신의 생활 패턴에 맞춰 일할 수 있도록 도와준다. 특히, 원격 근무가 가능한 직무나 프로젝트 기반의 업무는 은퇴자들에게 새로운 일자리를 제공하는 주요 트렌드로 자리 잡고 있다.

두 번째로, 디지털 기술의 발전은 은퇴 후 재취업 시장에 큰 변화를 가져왔다. 디지털화가 진행되면서 다양한 온라인 플랫폼을 통해 새로운 일자리를 찾고 경력을 이어갈 기회가 많아졌다. 예를 들어, 프리랜서로 일할 수 있는 플랫폼들이 증가하면서 은퇴자들도 자신의 전문성을 살려 프로젝트 단위로 일할 수 있게 되었다. 크몽, 탈렌토와 같은 프리랜서 플랫폼은 은퇴자들이 과거의 경력을 활용해 재취업할 수 있는 좋은 기회를 제공한다. 이러한 플랫폼에서는 번역, 글쓰기, 컨설팅, 디자인, 마케팅 등 다양한 분야에서 일자리를 찾을 수 있으며 자신의 경험과 기술을 살려 원하는 프로젝트를 선택할 수 있다.

또한, 은퇴 후에도 디지털 리터러시를 갖추고 있다면 온라인에서 일할 기회가 더욱 많아진다. 예를 들어, 온라인 강의 플랫폼에서 강사로 활동하거나, 유튜브나 블로그를 운영해 콘텐츠를 제작하는 일도 은퇴 후에 경제활동을 이어가는 한 방법이다. 이러한 디지털 기반 일자리는 물리적인 제약이 적고, 자신의 경험을 콘텐츠로 풀어낼 수 있어 많은 은퇴자들이 관심을 가지고 도전하는 분야다.

세 번째로, 은퇴 후 재취업 시장에서는 경력 전환의 기회도 넓어지고 있다. 은퇴 후에도 새로운 분야에서 일할 기회가 많아졌으며, 이를 위해 중장년층을 대상으로 한 직업 훈련 프로그램이나 재교육 과정이 확산되고 있다. 많은 기업과 정부 기관에서는 은퇴 후 새로운 경력을 쌓고자 하는 사람들을 위한 교육 프로그램을 제공하고 있으며, 이를 통해 새로운 기술을 배우고, 이를 활용해 재취업에 성공하는 사례가 늘고 있다. 예를 들어, 코딩 교육이나 디지털 마케팅 등의 교육 프로그램은 은퇴자들에게 새로운 분야에 도전할 기회를 제공하며, 이를 통해 빠르게 변화하는 노동 시장에 적응할 수 있다.

또한, 은퇴 후에는 기존의 경력을 살려 컨설턴트나 멘토로 활동하는 경우도 많다. 기업들은 은퇴자의 오랜 경험과 노하우를 높이 평가하며, 이들을 파트타임 컨설턴트로 고용하거나 특정 프로젝트의 자문 역할을 맡기기도 한다. 이를 통해 은퇴자들은 자신의 전문성을 유지하면서도 유연한 방식으로 경제활동을 이어갈 수 있다.

마지막으로, 연령에 대한 인식 변화도 은퇴 후 재취업 시장에 긍정적인 영향을 미치고 있다. 예전에는 은퇴 후 재취업을 시도하는 중장년층에 대한 선입견이 있었지만, 최근에는 경험과 지식이 풍부한 중장년층의 역할이 다시 주목받고 있다. 기업들은 젊은 직원들과 시니어 직원들이 함께 일하면서 시너지를 낼 수 있다는 인식이 확산되고 있으며, 중장년층의 경험을 조직 내에서 중요하게 평가하는 문화가 자리 잡고 있다. 이로 인해 나이와 상관없이 경력과 역량이 중요한 평가 요소로 자리 잡고 있어, 은퇴 후 재취업의 문이 더욱 넓어지고 있다.

육체노동과 정신노동, 새로운 직업 선택은?

　은퇴 후 제2의 직업을 선택할 때, 육체노동과 정신노동 중 어떤 직업을 선택할지 고민하는 것은 자연스러운 과정이다. 은퇴 후에는 체력의 변화와 더불어 정신적 자극에 대한 필요도 달라지기 때문에, 새로운 직업 선택 시 자신의 신체적 상태와 심리적 욕구를 고려해야 한다. 특히 은퇴 후에는 삶의 질을 높이고 지속 가능한 직업을 선택하는 것이 중요하다. 육체노동과 정신노동의 차이를 이해하고 자신의 상황에 맞는 직업을 선택하는 것이 실패를 줄이고 성공적인 제2의 커리어를 설계하는 첫걸음이 될 수 있다.

　육체노동은 신체적인 활동을 중심으로 하는 직업으로, 실내외에서 몸을 많이 움직이는 일이 주를 이룬다. 대표적인 예로 배달, 물류센터 근무, 아파트 경비, 건설 현장 등의 일이 있다. 이 외에도 도배, 미장, 전기안전 관리와 같은 기술직도 육체적인 활동을 필요로 하는 대표적인 직종이다. 육체노동의 장점은 신체를 움직이며 건강을 유지할 수 있고, 그에 따른 즉각적인 성과를 눈으로 확인할 수 있다는 점이다. 일을 한 만큼 보상이 주어지기 때문에 성취감을 느끼기 쉽다.

특히 기술직은 은퇴 후에도 꾸준한 수요가 있으며 은퇴자들이 자신이 보유한 기술을 활용해 지속적으로 일할 수 있는 좋은 선택지다. 도배사, 미장사, 전기 안전관리자 등은 고도의 전문성을 요구하면서도 실질적인 신체 활동을 동반한다. 이들 직업은 자격증과 기술을 갖추면 은퇴 후에도 비교적 안정적으로 일자리를 찾을 수 있으며 파트타임이나 프리랜서 형태로 일할 수 있어 유연성이 높다. 또한, 기술직은 경험을 쌓을수록 더 나은 보상을 받을 수 있기 때문에 은퇴 후 경력을 쌓아 추가적인 수익을 기대할 수 있다.

하지만 육체노동은 체력 소모가 크기 때문에 은퇴 후에는 신체적 능력을 잘 고려해야 한다. 젊을 때보다 체력이 떨어지기 때문에 무리한 신체 활동은 오히려 건강을 해칠 수 있다. 예를 들어, 물류센터에서의 상품 분류 작업이나 배달 같은 일은 상당한 신체 활동을 요구하며, 장시간 서 있거나 물건을 나르는 일이 많다. 아파트 경비 역시 감시와 순찰을 요구하는 업무로, 체력적인 부분을 고려해야 한다. 육체노동을 선택할 때는 자신의 체력 상태를 먼저 진단하고 신체적으로 무리가 가지 않는 범위 내에서 일을 선택하는 것이 중요하다. 시간제 근무나 파트타임을 선택해 무리하지 않게 일하는 것도 하나의 방법이다.

정신노동은 신체적 활동보다는 지적 능력과 경험을 활용하는 일을 의미한다. 대표적인 정신노동 분야로는 컨설팅, 교육, 연구, 작가, 프리랜서 등의 직업이 있다. 은퇴 후에도 많은 사람이 정신노동을 선택하는 이유는 그동안 쌓아온 경험과 지식을 바탕으로 일할 수 있기 때문이다. 신체적인 부담이 적고 경력을 활용해 자신의 분야에서 새로운 역할을 찾을 수 있는 것이 정신노동의 큰 장점이다.

정신노동의 또 다른 장점은 유연한 근무 환경이다. 재택근무나 원격근무가 가능한 직종도 많기 때문에 은퇴 후에도 일과 삶의 균형을 유지하기에 적합하다. 예를 들어, 프리랜서 작가, 온라인 교육 강사로 일하면 자신이 원하는 시간과 장소에서 일할 수 있다. 정신노동은 뇌를 자극하고 새로운 지식을 배우는 기회를 제공해 인지 기능 유지에도 도움이 된다. 계속해서 학습하고 성장할 기회를 제공하는 만큼 자기계발에 관심이 있는 은퇴자들에게 매우 유익한 직업군이다.

그러나 정신노동은 스트레스나 심리적 피로를 동반할 수 있다. 특히 결과물에 대한 압박이 큰 경우에는 심리적 부담이 커질 수 있다. 은퇴 후에는 젊을 때처럼 강도 높은 정신노동을 지속하는 것이 어려울 수 있기 때문에 자신의 체력과 정신적 여유를 고려해 업무 강도를 조절해야 한다. 또한, 새로운 분야에서 정신노동을 시작하려면 추가적인 학습이 필요할 수 있어 준비 과정에서의 시간이 많이 소요될 수도 있다.

육체노동과 정신노동 중 어느 쪽을 선택하든 가장 중요한 것은 자신의 강점과 관심사에 맞는 일을 찾는 것이다. 제2의 커리어를 설계할 때는 무엇을 잘하고, 무엇을 즐기는지를 먼저 고민해야 한다. 육체적인 활동을 좋아하고 신체적 건강을 유지하는 데 관심이 많다면 비교적 부담이 적은 육체노동을 선택할 수 있다. 예를 들어, 정원 가꾸기나 건물 관리, 혹은 단순한 배달 업무는 체력을 필요로 하지만 비교적 유연한 시간을 갖고 일할 수 있어 은퇴자에게 적합한 직업이 될 수 있다.

반면, 지적 활동이나 창의적인 일에 흥미가 있고 과거의 경험을 바탕으로 새로운 도전을 하고자 한다면 정신노동이 더 적합할 수 있다. 프리랜서 작가, 컨설턴트, 멘토링 활동을 통해 은퇴 후에도 자신의 지식을 활용해 사회에 기여하고 동시에 경제활동을 지속할 수 있다. 특히 교육 분야에서 은퇴자들의 경험을 바탕으로 강연을 하거나 청소년을 대상으로 한 멘토링 프로그램에 참여할 기회도 많다.

육체노동과 정신노동을 혼합한 직업을 선택하는 것도 고려할 만하다. 은퇴 후에는 일과 휴식을 균형 있게 유지하는 것이 중요하기 때문에 두 가지 요소를 결합한 직업을 선택하면 신체적 · 정신적 건강을 동시에 관리할 수 있다. 예를 들어, 조경 관리는 신체 활동과 지적인 작업이 모두 필요한 직종으로 자연과 함께 일하면서도 디자인과 관리 업무를 동시에 할 수 있다. 또 다른 예로는 기술직에서 특정한 전문성을 살려 강의를 하거나 기술 교육 프로그램에서 후배를 양성하는 일을 할 수도 있다.

이와 같은 혼합형 직업은 체력과 지적 능력을 균형 있게 활용할 수 있어 은퇴 후 건강하게 일할 수 있는 좋은 선택지다.

은퇴 후 제2의 커리어를 선택할 때, 육체노동과 정신노동 중 어느 하나를 택하기보다는 자신의 체력과 경험, 관심사를 고려한 직업을 선택하는 것이 중요하다.

창업을 고려하는 사람을 위한 실질적인 조언

은퇴 후 새로운 도전을 위해 창업을 고려하는 사람들은 증가하고 있다. 창업은 자신만의 사업을 운영하면서 경제적 자립을 이루고, 평생 쌓아온 경험과 지식을 활용할 기회를 제공한다. 하지만 창업은 그만큼의 위험과 도전이 따르기 때문에 철저한 준비와 전략이 필요하다. 성공적인 창업을 위해서는 자신에게 맞는 사업 아이템을 선택하고, 현실적인 계획을 세우며, 지속 가능한 수익 구조를 구축하는 것이 중요하다. 다음은 창업을 고려하는 은퇴자들을 위한 실질적인 조언이다.

첫 번째로, 사업 아이템의 선택이 창업의 성패를 좌우한다. 은퇴 후 창업을 준비할 때는 자신의 경험과 강점을 바탕으로 한 사업을 선택하는 것이 중요하다. 은퇴자들은 평생 쌓아온 직업적 경력과 네트워크를 활용해 전문성을 살린 분야에서 창업을 시도하는 것이 성공 가능성을 높일 수 있다. 예를 들어, 과거에 경영, 교육, 기술 등 특정 분야에서 일했던 경험이 있다면, 이와 관련된 컨설팅, 강의, 교육 서비스 등으로 사업을 시작할 수 있다. 중요한 것은 자신의 경험을 어떻게 새로운 사업 모델로 전환할 수 있을지 구체적으로 고민하는 것이다.

또한, 시장 조사를 통해 수요를 파악하는 것이 필수적이다. 창업을 계획할 때는 내가 하고 싶은 일을 기반으로 하기보다는 시장의 필요를 충족시킬 수 있는 사업을 선택하는 것이 중요하다. 특히 은퇴자들이 창업할 때는 젊은 세대와는 다른 관점에서 틈새시장을 발견하거나, 기존의 서비스에 대한 새로운 접근 방식을 제안하는 것이 성공 전략이 될 수 있다. 예를 들어, 시니어 대상의 맞춤형 건강 관리 서비스나 중장년층을 위한 여행 및 취미 관련 서비스는 은퇴자들이 쉽게 진출할 수 있는 분야다. 수익성이 높고 장기적인 수요가 있는지를 미리 조사하고, 그에 따라 창업 아이템을 결정하는 것이 성공적인 출발을 돕는다.

두 번째로, 재정적 계획과 위험 관리가 필요하다. 창업에는 초기 자본이 필요하며 예상보다 비용이 많이 들 수 있다. 따라서 사업을 시작하기 전에 반드시 재정 계획을 꼼꼼하게 세워야 한다. 특히 은퇴 후에는 더 이상 고정 수입이 없기 때문에 사업 실패 시 생활에 큰 타격을 입을 수 있다. 이 때문에 초기 창업 자금은 무리하지 않고 자신이 감당할 수 있는 범위 내에서 준비해야 한다. 또한, 리스크 관리를 위해 창업 후 초반에는 모든 자원을 사업에 투자하기보다는 일정 부분은 예비 자금으로 남겨두는 것이 좋다.

세 번째로, 창업 교육과 멘토링을 활용하는 것이 중요하다. 은퇴 후 창업을 처음 시도하는 사람들에게는 창업에 대한 전문적인 지식이나 기술이 부족할 수 있다. 이럴 때는 창업 지원 프로그램이나 창업 관련 교육에 참여해 필요한 정보를 습득하는 것이 도움이 된다. 최근에는 정부나 지방자치단체, 기업에서 중장년층을 대상으로 한 창업 교육 프로그램이나 창업 멘토링 서비스를 제공하는 경우가 많다. 이러한 프로그램을 통해 사업 운영에 필요한 기본 지식, 재무 관리, 마케팅 전략 등을 배우고 경험이 풍부한 멘토에게 실질적인 조언을 얻을 수 있다. 창업은 혼자만의 도전이 아닌 주변의 도움과 조언을 통해 성공 가능성을 높일 수 있는 협력적인 과정이라는 점을 인식해야 한다.

네 번째로, 디지털 기술을 활용한 창업을 고려하는 것이 좋다. 디지털화가 가속화된 현대에서는 온라인 비즈니스가 새로운 창업의 중요한 흐름이다. 온라인 플랫폼을 활용하면 초기 자본이 적게 들면서도 넓은 시장에 접근할 수 있는 장점이 있다. 예를 들어, 전자상거래, 온라인 교육, 유튜브 채널 운영 등을 통해 은퇴 후에도 성공적인 창업을 이룰 수 있다. 자신의 전문성을 바탕으로 블로그나 유튜브에서 콘텐츠를 제작하거나, 전자책을 출판하는 등의 방법은 은퇴자들에게 매우 유망한 창업 아이템이 될 수 있다. 이 외에도 SNS 마케팅을 통해 자신의 사업을 홍보하고, 더 많은 고객과 소통할 기회를 잡을 수 있다.

마지막으로, 장기적인 성장 가능성을 고려한 창업 전략이 필요하다. 창업 초반에는 빠른 성과를 기대하기보다는, 지속 가능한 성장을 위한 기반을 마련하는 것이 중요하다. 이는 제품이나 서비스의 품질을 꾸준히 유지하고, 고객과의 신뢰 관계를 쌓는 데 집중하는 것을 의미한다. 고객에게 좋은 경험을 제공하고, 입소문을 통해 자연스럽게 사업이 확장될 수 있도록 하는 것이 장기적으로 성공하는 비결이다. 또한, 시장의 변화에 유연하게 대응할 수 있도록 사업 모델을 주기적으로 점검하고 개선하는 과정도 필수적이다.

은퇴 후 창업은 새로운 도전이지만 동시에 신중한 계획과 준비가 요구된다. 자신의 경험과 강점을 바탕으로 한 사업 아이템을 선택하고, 철저한 재정 계획과 리스크 관리를 통해 창업에 접근해야 한다. 무엇보다도 장기적인 성공을 위한 기반을 다지는 데 집중하며, 끊임없이 배우고 성장하려는 자세를 유지하는 것이 은퇴 후 성공적인 창업의 열쇠가 될 것이다.

준비되지 않은 창업, 절대로 하지 마라!

은퇴 후 창업은 새로운 도전이자 기회일 수 있지만 그만큼 위험이 따르는 결정이기도 하다. 많은 사람이 창업을 통해 제2의 인생을 성공적으로 설계하고자 하지만, 준비되지 않은 상태에서 성급하게 창업을 시도하면 큰 실패를 경험할 수 있다. 특히 은퇴 후에는 재정적인 여유가 제한적일 수 있고, 실패했을 때의 리스크가 더 크기 때문에 철저한 준비 없이 창업에 뛰어드는 것은 매우 위험하다. 창업은 단순히 아이디어나 열정만으로 성공하는 것이 아니며 철저한 사전 준비와 계획이 필수적이다. 준비되지 않은 창업이 왜 위험한지, 그리고 이를 피하기 위해 어떻게 준비해야 하는지 알아보자!

첫 번째로, 창업에 대한 현실적인 기대를 가져야 한다. 많은 사람이 창업을 통해 큰 성공을 기대하지만, 실제로는 대부분의 신규 창업이 초기에 실패하는 경우가 많다. 성공적인 창업을 위해서는 시장 조사와 사업 계획 수립이 필수적이다. 사업을 시작하기 전에 시장의 수요와 경쟁 상황을 철저히 분석하고, 나의 사업이 어떤 문제를 해결할 수 있는지, 그리고 어떤 고객층을 타겟으로 할 것인지를 명확히 해야 한다. 준비 없이 창업을 시작하면 제품이나 서비스가 시장에서 필요로 하지 않는 것이거나, 이미 포화된 시장에 진입하게 되어 실패할 가능성이 높아진다.

둘째, 자금 계획의 부족은 창업 실패의 주요 원인 중 하나다. 창업 초기에는 사업이 안정되기까지 시간이 걸리기 때문에 충분한 자금 확보가 필요하다. 많은 사람이 자신이 가진 자금을 모두 창업에 쏟아붓거나 지나치게 낙관적인 매출 예측을 바탕으로 창업 자금을 계획하는 실수를 저지른다. 이는 자금이 바닥나면 사업을 유지하기 어려워져 도중에 중단하게 되는 상황을 초래할 수 있다. 비용 절감 전략과 최소한의 운영 자금으로 사업을 시작할 방법을 고민해야 하며, 예상치 못한 상황에 대비할 수 있는 비상 자금도 반드시 마련해 두어야 한다.

셋째, 창업 아이템에 대한 충분한 이해와 경험 부족도 실패로 이어질 수 있다. 창업 아이템이 단순히 유망해 보인다는 이유만으로 선택하면 사업 운영 과정에서 예상치 못한 어려움을 겪게 된다. 특히 은퇴 후 창업은 젊은 창업자들과는 다른 점을 고려해야 한다. 나이와 경험을 무기로 삼을 수 있지만 그만큼 자신이 잘 아는 분야에서 창업하는 것이 중요하다. 새로운 분야에 도전하고 싶다면 사전 학습과 교육을 통해 충분한 준비를 갖춘 후 도전해야 한다. 창업하려는 분야에서 어떤 지식이 필요한지, 해당 산업의 트렌드는 무엇인지를 명확히 파악하지 않고 뛰어드는 것은 위험하다.

넷째, 사업 운영에 필요한 기본적인 역량이 부족할 때도 실패할 확률이 높다. 창업은 단순히 좋은 아이디어를 실행하는 것이 아니라 운영 관리, 재무 관리, 마케팅, 인적 자원 관리 등 다양한 요소를 함께 고려해야 한다. 이러한 역량이 부족하다면 창업 교육 프로그램이나 컨설팅 서비스를 통해 미리 학습하고 준비하는 것이 좋다. 특히 재무 관리 능력은 사업 성공의 핵심 요소다. 수익 구조를 명확히 이해하고 비용과 수익을 철저히 계산해야 한다. 또한, 세금, 법률, 규제 등 사업에 영향을 미칠 수 있는 외부 요인에 대해서도 미리 공부해야 한다.

다섯째, 조급한 결정은 창업 실패의 중요한 원인 중 하나다. 은퇴 후 새로운 도전으로서 창업을 계획하는 경우, 조급한 마음에 시장 조사나 자금 확보 등의 준비 과정을 생략하고 바로 실행에 옮기는 경우가 많다. 하지만 창업은 철저한 계획과 전략이 필요한 과정이다. 충분한 시간을 갖고 리스크를 최소화할 수 있는 계획을 세우는 것이 중요하다. 예를 들어, 작은 규모로 먼저 시작해 보고 상황에 따라 확장하는 방식으로 접근하는 것도 좋은 방법이다.

마지막으로, 창업에 대한 환상에서 벗어나야 한다. 창업은 분명 자유롭고 독립적인 일을 할 기회를 제공하지만 동시에 매우 고된 과정이기도 하다. 특히 은퇴 후 창업은 체력적으로나 정신적으로도 많은 에너지가 소모될 수 있다. 따라서 창업의 현실적인 어려움을 인식하고 준비 과정에서 창업의 장단점을 냉정하게 평가하는 것이 필요하다. 현실적인 목표를 설정하고 어려움에 대비할 수 있는 계획을 세우는 것이 성공적인 창업으로 가는 첫걸음이다.

준비되지 않은 창업은 절대로 해서는 안 된다. 창업은 새로운 기회를 제공하는 동시에 큰 리스크를 동반하기 때문에 철저한 준비와 계획이 필요하다. 시장 조사, 자금 관리, 사업 아이템의 이해, 기본 역량을 갖추는 것이 필수적이며, 창업 전 충분한 시간을 들여 리스크를 최소화하는 전략을 마련해야 한다. 은퇴 후 새로운 도전을 위한 창업을 고려한다면 신중하고 계획적으로 접근해 실패의 가능성을 줄여야 한다.

【외식업 창업준비 체크리스트 예시】

항목	설명	상태 체크
1. 아이디어 구체화		
– 외식업 컨셉 설정	음식 종류, 운영 방식(레스토랑, 카페, 배달 전문 등), 타겟 고객층에 맞춘 외식업의 콘셉트를 구체적으로 설정	☐ 완료 ☐ 미완료
– 메뉴 및 상품 개발	타겟 고객의 선호를 반영한 주력 메뉴 및 차별화된 메뉴 구성. 메뉴에 맞는 가격대와 원가 분석을 통해 수익성 고려	☐ 완료 ☐ 미완료
– 경쟁 분석	인근 경쟁 음식점 분석을 통해 차별화된 서비스와 메뉴 제공 전략 수립	☐ 완료 ☐ 미완료
2. 시장 조사 및 상권 분석		
– 타겟 고객 분석	고객 연령대, 소비 패턴, 음식 선호도 등 주요 고객층의 특성을 파악	☐ 완료 ☐ 미완료
– 상권 분석	상권 내 유동 인구, 직장인 또는 주거 지역 특성, 인근 경쟁 업소의 위치와 운영 방식 분석. 상권의 성장 가능성과 트렌드 변화까지 고려	☐ 완료 ☐ 미완료
– 입지 선정	점포가 위치한 상권의 접근성, 주차 시설 여부, 유동 인구가 많거나 타겟 고객층이 모일 수 있는 위치 확인	☐ 완료 ☐ 미완료
3. 점포 임대차 및 시설 준비		
– 점포 임대차 계약	임대차 계약서 작성 시 계약 기간, 임대료, 관리비, 권리금 등의 조건을 꼼꼼히 검토. 법률적 조언 필요시 전문가 상담	☐ 완료 ☐ 미완료
– 점포 시설 준비	주방 시설, 화재 예방 설비, 냉장고 및 식재료 보관 시설 등 필수 장비 설치 여부 확인. 청결과 안전을 고려한 설비 배치	☐ 완료 ☐ 미완료
– 인테리어 및 외관 디자인	고객을 끌어들일 수 있는 매력적인 인테리어 디자인 및 외관 설계. 브랜드 이미지와 일관성 있는 테마 반영	☐ 완료 ☐ 미완료

4. 재정 및 자금 관리

– 초기 자본 마련	외식업 운영에 필요한 초기 자본을 마련하고, 예상 비용(시설 투자, 장비, 재료비 등)에 대한 계획 수립	☐ 완료 ☐ 미완료
– 비용 예산 수립	월간/연간 임대료, 인건비, 식재료비, 운영비 등을 포함한 예산 수립. 수익성을 분석하고 손익 분기점 파악	☐ 완료 ☐ 미완료
– 대출 및 금융 지원 고려	필요시, 정부의 창업 지원금, 소상공인 대출 등 금융 지원 프로그램 활용 여부 점검	☐ 완료 ☐ 미완료

5. 법적 및 행정 절차

– 사업자 등록	사업자 등록 절차 완료, 업종에 맞는 사업 유형 선택 및 세무 대행 검토	☐ 완료 ☐ 미완료
– 식품위생 관련 인허가	영업 허가증, 식품위생법에 따른 위생 관리 및 안전 검사를 완료했는지 확인. 필요시 위생교육 수료	☐ 완료 ☐ 미완료
– 세금 및 회계 시스템 구축	세무 신고 및 회계 관리를 위해 세무사 상담 또는 회계 프로그램 도입 여부 검토	☐ 완료 ☐ 미완료

6. 직원 채용 및 교육

– 직원 채용 및 교육	요리사, 주방 보조, 서빙 인력 등 필요한 직원을 채용하고 교육 계획 수립. 식품위생, 고객 서비스 등에 대한 직원 교육 완료 여부 확인	☐ 완료 ☐ 미완료
– 직원 근로 계약	직원들의 근로 계약서를 작성하고, 근로 조건(급여, 근무 시간 등)이 명확히 규정되었는지 확인	☐ 완료 ☐ 미완료

7. 마케팅 및 고객 유치 전략

– 마케팅 전략 수립	온라인 마케팅, SNS 활용, 인근 지역 주민 또는 직장인을 대상으로 한 홍보 전략 수립. 고객 할인 이벤트, 오픈 이벤트 등 프로모션 계획 수립	☐ 완료 ☐ 미완료
– SNS 및 웹사이트 구축	외식업 브랜드 홍보를 위한 웹사이트와 SNS 계정을 만들고 운영 계획 수립. 메뉴, 위치, 영업시간 등 정보 제공. 고객 후기 관리와 답변 계획 포함	☐ 완료 ☐ 미완료
– 고객 피드백 수집	고객의 의견을 수집할 수 있는 시스템 마련(설문지, 온라인 리뷰, QR코드 피드백 등). 고객 의견 반영을 통한 개선 계획 수립	☐ 완료 ☐ 미완료

8. 메뉴 관리 및 식자재 공급

– 메뉴 관리 및 원가 분석	식재료 원가와 판매 가격을 고려한 메뉴 가격 설정. 주력 메뉴와 계절별 메뉴 개발 및 원가 관리 계획 수립	☐ 완료 ☐ 미완료
– 식자재 공급 망 확보	신선한 재료를 안정적으로 공급할 수 있는 공급업체와의 계약 및 비용 검토. 식자재 보관 및 유통 관리 계획 수립	☐ 완료 ☐ 미완료

9. 리스크 관리

– 리스크 분석 및 대처 방안	외식업 운영 중 발생할 수 있는 리스크(재고관리, 매출 저하, 고객 불만)를 분석하고, 대처 방안 마련	☐ 완료 ☐ 미완료
– 보험 가입	사업 운영에 필요한 보험(재산보험, 상해보험 등) 가입 여부 점검	☐ 완료 ☐ 미완료

10. 지속적인 학습 및 개선

– 외식업 교육 및 트렌드 학습	최신 외식업 트렌드와 기술(비건, 저칼로리 메뉴 등)에 대한 학습 및 반영 계획. 정기적으로 외식업 관련 세미나, 교육 참석 여부 확인	☐ 완료 ☐ 미완료
– 매출 및 운영 성과 분석	정기적으로 매출 데이터를 분석하여 운영 성과를 평가하고, 개선점을 도출. 운영 효율성을 높이기 위한 조치 검토(메뉴 구성 변경, 서비스 개선 등)	☐ 완료 ☐ 미완료

시니어 프랜차이즈 가맹점 창업,
망하지 않는 법

　프랜차이즈 창업은 은퇴 후 창업을 고려하는 시니어들에게 매력적인 선택지다. 특히 프랜차이즈는 검증된 브랜드와 운영 시스템을 기반으로 사업을 시작할 수 있다는 점에서 안정성이 높은 창업 모델로 인식된다. 하지만 프랜차이즈 창업 역시 무조건적인 성공을 보장하지 않으며 적절한 준비와 전략이 없으면 실패할 가능성이 존재한다. 시니어 창업자들이 프랜차이즈 가맹점 창업에서 성공적인 운영을 위해 피해야 할 위험 요소와 성공 방안을 명확히 인식하는 것이 중요하다. 시니어 프랜차이즈 가맹점 창업에서 망하지 않는 법에 대해 알아본다.

　첫 번째로, 자신에게 맞는 프랜차이즈를 선택하는 것이 매우 중요하다. 프랜차이즈는 이미 구축된 시스템을 제공하지만 창업자가 해당 사업 모델에 얼마나 적합한지에 따라 성공 여부가 달라질 수 있다. 먼저, 자신의 강점과 경험을 고려해 선택하는 것이 중요하다. 예를 들어, 외식업 경험이 있는 사람이라면 음식 관련 프랜차이즈를 선택할 수 있지만, 서비스업에 대한 경험이 부족하다면 이 분야는 고려할 필요가 있다. 자신의 관심사와 역량에 맞는 프랜차이즈를 선택해야 장기적으로 동기부여를 유지하면서 운영할 수 있다.

두 번째로, 철저한 시장과 상권입지 조사가 필요하다. 프랜차이즈 본사에서 제공하는 자료만을 맹신해서는 안 된다. 프랜차이즈 창업을 결심하기 전에 현지 시장에서 해당 프랜차이즈가 얼마나 경쟁력이 있을지, 상권의 특성과 경쟁우위 전략을 객관적으로 평가하는 과정이 중요하다. 예를 들어, 지역 내 경쟁 업체의 수, 해당 업종의 수요, 고객층 등을 철저히 분석해야 한다. 또한, 프랜차이즈의 인지도가 지역에서 얼마나 높은지, 해당 브랜드가 지속적으로 성장 가능성이 있는지 등을 고려해야 한다. 성공적인 프랜차이즈 운영은 단순히 브랜드의 유명세에 의존하는 것이 아니라 지역적 특성과 시장 수요에 맞는 전략을 세우는 데 달려 있다.

세 번째로, 프랜차이즈 본사와의 계약 조건을 꼼꼼하게 검토해야 한다. 프랜차이즈 창업의 장점은 본사가 제공하는 브랜드 파워와 운영 시스템을 활용할 수 있다는 점이지만, 이와 동시에 본사와의 계약 조건이 가맹점주에게 불리하게 작용할 수 있다. 로열티, 교육비, 재료비와 같은 비용 구조를 명확히 이해하고, 실제 수익 구조가 어떻게 되는지를 정확하게 파악해야 한다. 또한, 본사에서 제공하는 지원이 어느 정도인지, 문제 발생 시 본사가 얼마나 책임을 지고 도움을 줄 수 있는지에 대해 미리 확인해야 한다. 계약서에 포함된 수익 배분 구조, 운영 자유도, 광고 및 마케팅 비용 분담 등을 꼼꼼히 따져보고 필요하다면 전문가의 자문을 받는 것도 중요하다.

네 번째로, 본사의 지원과 교육 시스템을 적극적으로 활용하는 것이 필요하다. 프랜차이즈의 가장 큰 장점 중 하나는 이미 검증된 운영 매뉴

얼과 교육 프로그램을 제공받을 수 있다는 점이다. 은퇴 후 창업을 준비하는 시니어들은 사업 운영 경험이 적을 수 있으므로 본사에서 제공하는 교육을 철저히 이수하고, 운영에 필요한 모든 절차를 배우는 것이 중요하다. 특히 매출 관리, 고객 응대, 위생 관리 등 가맹점 운영의 핵심 요소들을 제대로 숙지해야 안정적인 운영이 가능하다. 본사의 노하우를 최대한 활용하면서도 자신만의 운영 스타일을 구축해 나가는 것이 프랜차이즈 창업의 성공 비결이다.

다섯 번째로, 프랜차이즈 본사와 원활한 소통을 유지하는 것이 중요하다. 프랜차이즈 가맹점주는 본사와 긴밀한 협력 관계를 유지해야만 사업이 안정적으로 운영될 수 있다. 가맹점 운영 중에 발생하는 문제나 어려움은 즉시 본사와 공유하고, 본사의 지원과 조언을 받는 것이 좋다. 본사는 사업 운영 경험이 풍부하고 다양한 문제 상황에 대한 대처 방안을 알고 있기 때문에 문제 해결을 위한 지침을 제공받을 수 있다. 또한, 본사와의 원활한 소통은 본사의 정책 변화나 새로운 프로모션에 대한 정보도 빠르게 전달받을 수 있어 가맹점 운영에 큰 도움이 된다.

마지막으로, 안정적인 자금 관리를 통한 장기적인 운영 계획을 세우는 것이 필요하다. 창업 초기에는 매출이 안정적으로 발생하지 않기 때문에 자금 관리가 중요하다. 운영 자금의 여유분을 충분히 확보하고, 예상치 못한 상황에 대비할 수 있는 자금을 마련해 두는 것이 안전한 운영을 가능하게 한다. 특히 은퇴 후 창업의 경우, 초기 실패가 재정적으로 큰 타격을 줄 수 있기 때문에 위험 분산 전략을 마련하는 것이 중요하다. 사업 초기에 과도한 확장을 시도하지 않고 작은 규모로 시작해 안정화한 후 확장하는 방식으로 접근하는 것이 현명하다.

실패하지 않는 제2의 커리어 설계법

　은퇴 후 제2의 커리어를 성공적으로 설계하는 것은 단순히 경제적 목적을 넘어 새로운 삶의 의미를 찾고 활력을 되찾는 중요한 과정이다. 하지만 제대로 된 준비와 전략 없이 제2의 커리어를 시작하면 실패할 확률이 높아진다. 특히 은퇴 후에는 다시 재기할 기회가 제한적일 수 있기 때문에 사전에 철저한 계획과 실행 전략을 마련하는 것이 중요하다. 실패하지 않는 제2의 커리어 설계법은 다음과 같은 요소를 고려해야 한다.

　첫 번째로, 자신의 강점과 경험을 분석하고 이를 바탕으로 제2의 커리어를 설계하는 것이 중요하다. 은퇴 후에 새롭게 시작하는 커리어는 평생 쌓아온 직업적 경험과 지식을 바탕으로 하는 것이 가장 안정적이다. 자신이 가장 잘할 수 있는 분야에서 새로운 역할을 찾는 것이 실패 확률을 줄이는 핵심 전략이다. 예를 들어, 경영이나 리더십 경험이 많은 사람은 컨설팅, 멘토링, 또는 강연과 같은 활동을 고려할 수 있다. 이는 자신의 강점을 살릴 수 있을 뿐만 아니라 기존의 네트워크를 활용해 더 나은 결과를 낼 기회를 제공한다.

　두 번째로, 평생학습을 통한 지속적인 자기계발이 필수적이다. 디지털화와 기술 발전이 빠르게 이루어지고 있는 현대 사회에서는 새로운 기술과 지식을 습득하는 것이 더 중요해졌다. 은퇴 후에도 꾸준히 배우고 성장하려는 자세가 필요하며, 이를 통해 새로운 변화에 적응하고 경쟁력을 유지할 수 있다. 예를 들어, 챗GPT 등 AI 활용, 디지털 마케팅, 온라인 비즈니스 등과 같은 새로운 기술을 익히면 제2의 커리어에서 경쟁력을 높일 수 있다. 다양한 교육 플랫폼이나 정부 지원 프로그램을 통해 필요한 기술과 지식을 습득하고, 이를 기반으로 커리어 전환에 성공할 수 있는 길을 마련해야 한다.

세 번째로, 현실적인 목표를 설정하고 점진적으로 접근하는 것이 중요하다. 은퇴 후 새로운 커리어를 시작할 때는 너무 높은 목표를 세우기보다는 달성 가능한 목표를 설정하고 단계적으로 실천해 나가는 것이 필요하다. 처음부터 큰 성과를 기대하기보다는 작은 성공을 쌓아가면서 자신감을 얻고 점차 커리어를 확장해 나가는 것이 좋다. 예를 들어, 프리랜서로 시작해 일을 조금씩 확장하거나, 작은 프로젝트를 맡아 성공적으로 완수한 후 더 큰 일에 도전하는 방식으로 접근할 수 있다. 이처럼 성공 경험을 축적하며 성장하는 전략은 실패 확률을 줄이고 장기적인 성장을 가능하게 한다.

네 번째로, 네트워크와 인맥 관리가 중요하다. 은퇴 후에도 자신이 쌓아온 사회적 네트워크를 잘 활용하면 새로운 기회를 더 쉽게 찾을 수 있다. 은퇴 전에 맺었던 직장 동료, 비즈니스 파트너, 친구들과의 관계를 유지하면서 그들의 도움을 받아 새로운 커리어를 개척할 수 있다. 또한, 새로운 분야에서 일하고자 할 때는 해당 분야의 전문가들과 교류하고, 관련 모임이나 커뮤니티에 참여해 네트워크를 확장하는 것이 필요하다. 인맥은 새로운 기회를 찾고 문제를 해결하는 데 중요한 자산이 될 수 있다.

다섯 번째로, 자금 관리와 리스크 분산 전략을 세우는 것이 필수적이다. 은퇴 후의 커리어 전환은 자금적으로도 부담이 될 수 있기 때문에 처음부터 모든 자원을 쏟아붓는 것은 위험하다. 커리어 전환 초기에 수익이 안정되지 않을 수 있으므로 생활비를 충당할 수 있는 예비 자금을 확보해 두는 것이 필요하다. 또한, 고정적인 수입원을 유지하면서 새로운 커리어를 병행해 보는 것도 좋은 방법이다. 예를 들어, 파트타임으로 일하거나 투자나 연금을 통해 일정한 수익을 유지하며 새로운 도전에 필요한 자금을 준비할 수 있다.

여섯 번째로, 정신적·신체적 건강을 관리하는 것도 중요한 요소다. 은퇴 후에는 직장생활에서 받던 스트레스에서 벗어나는 장점이 있지만, 동시에 새로운 도전은 또 다른 스트레스와 피로를 초래할 수 있다. 제2의 커리어를 성공적으로 이끌기 위해서는 신체적으로 건강하고 정신적으로 안정된 상태를 유지하는 것이 필수적이다. 규칙적인 운동과 균형 잡힌 식습관을 유지하고 스트레스를 해소할 수 있는 취미 생활이나 명상 등을 통해 자신을 돌보는 것이 필요하다. 건강이 뒷받침되지 않으면 커리어 전환에서의 성과를 기대하기 어렵다.

마지막으로, 유연한 사고방식과 긍정적인 태도를 유지하는 것이 중요하다. 제2의 커리어에서는 새로운 도전에 직면하고 예상치 못한 실패를 경험할 수도 있다. 하지만 실패를 성장의 기회로 받아들이고 계속해서 시도하려는 태도가 성공의 열쇠가 된다. 또한, 과거의 경험에만 의존하지 않고 변화하는 환경에 맞춰 자신을 끊임없이 변화시키는 유연한 사고방식이 필요하다. 나이와 상관없이 계속 배우고 도전하는 자세를 유지하는 것이 성공적인 커리어 전환을 가능하게 한다.

재미있는 퇴직/은퇴 **STORY_ 06**

│ 은퇴자가 피해야 할 7가지 창업유형

① 고기술 필요 사업: 복잡한 기술이나 전문 지식을 요구하는 분야로, 신속한 적응과 지속적인 업데이트가 필요하다.

② 트렌드 의존 사업: 유행을 따르는 사업은 변동성이 크고 지속 가능성이 낮아 장기적인 안정성을 기대하기 어렵다.

③ 고자본 사업: 큰 초기 투자가 필요한 사업은 위험 부담이 크며, 실패 시 회복이 어렵다.

④ 높은 실패율 사업: 음식점이나 카페 같은 고위험 업종은 일반적으로 높은 실패율을 보이므로, 경험이나 열정이 부족할 경우 피하는 것이 좋다.

⑤ 물리적 노동이 많은 사업: 체력적으로 요구되는 사업은 나이가 많은 은퇴자에게 부담이 될 수 있다.

⑥ 규제와 법적 제한이 많은 사업: 복잡한 법적 요건이나 라이센스가 필요한 사업은 관리와 유지가 어렵다.

⑦ 시장 경쟁이 치열한 사업: 이미 경쟁이 심한 시장에 진입하는 것은 새로운 사업자에게 큰 도전이 될 수 있으며, 시장 점유율 확보가 어렵다.

11

전문가로 새로운 도전 :
나만의 전문성 키우기

기존 경력과 경험을 바탕으로 한 새로운 기회

은퇴 후 새로운 기회를 찾고자 할 때, 가장 중요한 자산은 기존의 경력과 경험이다. 은퇴자는 평생 쌓아온 지식과 능력을 기반으로 전문가로 성장할 수 있으며, 이를 통해 제2의 커리어를 시작할 수 있다. 자신이 잘 알고, 잘할 수 있는 분야에서 새로운 기회를 발견하고 발전시키면, 안정적이고 의미 있는 제2의 인생을 설계할 수 있다.

첫 번째로, 경력과 경험을 재평가하는 것이 중요하다. 은퇴 후 새로운 기회를 찾기 위해서는 자신이 가진 경험과 경력을 다시 돌아보고, 이를 어떻게 활용할 수 있을지 객관적으로 분석해야 한다. 과거 직장에서 쌓아온 경력이나 맡았던 프로젝트, 해결했던 문제들은 새로운 커리어에서 귀중한 자산이 될 수 있다. 예를 들어, 오랜 기간 기업에서 인사 관리나 경영 기획, 마케팅, 생산관리 등을 담당했던 사람은 경영 컨설팅을 시작할 수 있고, 교육 분야에서 일했던 사람은 강의나 멘토링 기회를 찾을 수 있다.

이때 중요한 것은 경험을 재구성하는 능력이다. 과거에 쌓은 경력을 그대로 활용할 수 없는 경우라도 해당 경험을 다른 방식으로 재구성해 새로운 기회를 창출할 수 있다. 예를 들어, 공공기관에서 일했던 경험이 있다면 그 경험을 바탕으로 정책 자문가나 비영리 단체 컨설턴트로 활동할 수 있다. 기존 경력의 핵심 역량을 분석하고 그것을 어떻게 새로운 기회로 전환할지 계획하는 것이 핵심이다.

두 번째로, 새로운 트렌드와 기술에 적응하는 것이 필요하다. 은퇴 후에도 기존 경력을 기반으로 새로운 기회를 찾기 위해서는 현재 시장의 흐름과 기술적 변화에 발맞춰야 한다. 빠르게 변화하는 디지털 환경에서 디지털 리터러시와 기술적 이해는 새로운 기회를 포착하는 데 큰 도움이 된다. 예를 들어, 과거에 마케팅이나 광고 업계에서 일했던 사람이 디지털 마케팅과 소셜 미디어 관리 능력을 추가로 습득하면 디지털/SNS 마케팅 컨설턴트로 활동할 수 있다. 자신의 경력에 디지털 역량을 더해 새로운 트렌드를 반영한 전문성을 갖추면 더욱 경쟁력 있는 전문가로 자리잡을 수 있다.

세 번째로, 프리랜서와 컨설턴트로서의 활동은 기존 경력과 경험을 활용해 새로운 기회를 모색하는 대표적인 방식이다. 많은 은퇴자들이 자신의 전문성을 살려 프리랜서로 활동하거나 컨설팅 분야에서 새로운 경력을 시작하고 있다. 프리랜서 활동은 자신의 경험을 바탕으로 유연하게 일할 기회를 제공한다. 경영, 마케팅, IT, 법률 등 다양한 분야에서 프리랜서로 활동할 수 있으며 네이버, 크몽 등 온라인 플랫폼을 활용하면 고객과의 접점을 만들 수 있다.

컨설팅은 전문 지식을 활용해 기업이나 개인에게 조언을 제공하는 역할로 경험을 그대로 전수할 기회를 제공한다. 오랜 경력으로 얻은 문제 해결 능력, 전략적 사고, 리더십 등을 바탕으로 기업에 가치를 제공하고 본인의 경력을 효과적으로 활용할 수 있다. 컨설팅은 특정 분야에서 깊은 경험을 가지고 있는 은퇴자에게 매우 적합한 방식이며, 정해진 기간에 걸쳐 프로젝트 단위로 일할 수 있어 시간과 노력을 효율적으로 관리할 수 있다. 성공적인 컨설팅 시장 진입을 위해서는 경영지도사, 기술지도사 등 컨설팅 분야의 공인 자격증을 획득하고나 전문대학원 진학 등을 통해 역량을 쌓거나 인정받는 방법을 취할 수 있다.

네 번째로, 기존 경력을 활용한 교육 및 멘토링 기회도 많다. 자신의 경험을 바탕으로 다른 사람들에게 지식과 노하우를 전수하는 것은 매우 보람 있는 활동이다. 대학이나 교육기관에서 특강을 하거나 전문 교육 프로그램에서 강사로 활동할 수 있다. 또한, 멘토링 프로그램에 참여해 후배들에게 조언과 가이드를 제공하는 것도 의미 있는 역할이다. 이는 단순한 직업 활동을 넘어서 자신의 경험을 후배들에게 나눔으로써 사회적 기여를 할 기회를 제공한다. 특히, 전문 지식을 필요로 하는 중소기업이나 스타트업에서의 멘토링은 큰 도움이 될 수 있으며, 이는 자신의 경력을 확장할 수 있는 좋은 계기가 될 수 있다.

마지막으로, 창의적인 활동을 통해 새로운 기회를 만들 수 있다. 은퇴 후 자신의 경력을 바탕으로 책을 집필하거나 유튜브 채널을 개설해 콘텐츠를 제작하는 것도 좋은 방법이다. 이러한 창의적 활동은 과거의 경력을 토대로 개인 브랜드를 구축할 기회다. 전문가로서의 입지를 넓히고, 자신의 이야기를 다양한 사람들과 공유함으로써 새로운 비즈니스 기회를 창출할 수 있다.

은퇴 후 새로운 기회를 찾기 위해서는 기존 경력과 경험을 바탕으로 자신의 전문성을 재구성하고, 새로운 분야나 트렌드를 받아들이고, 창의적인 활동을 통해 자신만의 전문성을 키우는 것이 중요하다.

경영지도사, 기술지도사 자격을 통해 컨설턴트로 일하는 법

　은퇴 후 자신의 전문성을 활용해 컨설턴트로 활동하는 것은 경력을 새롭게 발전시키고 제2의 인생을 성공적으로 설계할 수 있는 훌륭한 방법이다. 특히 경영지도사나 기술지도사 자격을 취득하면 전문 지식과 경험을 체계적으로 활용할 기회를 넓힐 수 있다. 이 자격증들은 국내에서 공인된 전문 자격으로 경영과 기술 분야에서 기업에 실질적인 도움을 줄 수 있는 컨설턴트로 활동할 수 있게 해준다.

　경영지도사는 중소기업의 경영 문제를 진단하고 개선하는 전문 자격이다. 이 자격을 취득하면 기업의 경영 전략, 마케팅, 재무관리, 인사관리, 생산관리 등 다양한 분야에서 경영 컨설팅을 제공할 수 있다. 경영지도사는 기업이 직면한 경영 문제를 분석하고 해결 방안을 제시하며 조직의 성과를 향상시키기 위한 구체적인 전략을 제안하는 역할을 한다. 경영지도사 자격을 취득하면 자신이 쌓아온 경영 경험과 리더십을 중소기업에 전달하고 기업 싱장에 기여할 수 있다.

　기술지도사는 기술적 문제를 진단하고 해결하는 전문 자격이다. 기술지도사는 기술혁신관리(기술경영, 연구개발, 기술고도화 등), 정보기술관리(정보통신, 시스템 응용, 소프트웨어 진단 및 지도 등) 등 기술 분야의 컨설팅을 담당한다. 기술지도사는 제조업, IT, 건설 등 기술 기반 산업에서 활동하며, 최신 기술 동향을 분석하고 기업이 기술 경쟁력을 높이는 데 도움을 준다. 기술지도사 자격을 취득하면 오랜 기술 경험을 바탕으로 기업에 기술적 조언을 제공하고 기술 혁신을 이끌어낼 수 있다.

경영지도사와 기술지도사 자격을 취득하기 위해서는 관련 시험을 통과해야 한다. 경영지도사와 기술지도사의 자격획득을 위한 프로세스는 다음과 같으며, 1차 시험은 지도사양성과정과 시험 중 자격요건에 따라 선택할 수 있으며, 1차 시험을 통과한 경우 2차 시험에 응시할 수 있으며, 2차 시험 합격과 실무수습을 이수한 경우 경영지도사, 기술지도사로 활동할 수 있다.

경영지도사, 기술지도사 자격시험은 한국산업인력관리공단에서 진행하고 있으며, 상세한 내용은 공단 홈페이지를 통해 확인할 수 있다.

▶경영지도사 : www.q-net.or.kr에서 '경영지도사', '기술지도사' 검색
▶경영지도사, 기술지도사 양성과정 정보 : www.kmtca.or.kr

【경영지도사, 기술지도사 자격 취득 절차】

자료: 한국경영기술지도사회 홈페이지(www.kmtca.or.kr)

경영지도사와 기술지도사 자격을 취득한 후에는 개인 컨설팅 업무를 시작하거나 컨설팅 회사에 소속되어 일할 수 있다. 활동은 매년 정부 및 공공기관의 컨설턴트, 멘토링, 평가위원, 강사 등의 풀에 등록해 활동을 하거나, 자신의 사업자 또는 컨설팅 회사 소속으로 다양한 컨설팅 프로젝트에 참여할 수 있다.

경영지도사나 기술지도사로 성공적인 컨설턴트 활동을 하기 위해서는 지속적인 자기계발이 필요하다. 자격을 취득한 후에도 최신 경영 트렌드나 기술 변화에 대한 지속적인 학습을 통해 컨설팅 및 멘토링 역량을 강화해야 한다. 빠르게 변화하는 시장 환경에 적응하고 기업의 요구를 충족시킬 수 있도록 꾸준히 공부하고 경험을 쌓는 것이 중요하다.

또한, 네트워크 확장도 중요한 요소다. 컨설턴트로서 성공하기 위해서는 다양한 기업 및 전문가, 공공기관들과의 네트워크가 필요하다. 지속적인 공공기관 풀에 등록하거나, 온라인 플랫폼을 활용해 본인의 경력과 전문성을 알리고, 네트워크를 확장하는 것도 좋은 방법이다. 이를 통해 새로운 컨설팅 기회를 더 많이 확보할 수 있다.

경영지도사와 기술지도사 자격은 단순한 직업적 성공을 넘어 사회적 기여의 기회를 제공한다. 자신의 경험을 통해 소상공인, 사회적기업, 전통시장, 스타트업, 중소기업의 성장을 지원하고 산업 전반의 발전에 기여할 수 있다. 특히 은퇴 후에는 젊은 세대와의 협업을 통해 멘토링을 할 수 있으며, 기술적 또는 경영적 조언을 통해 기업과 사회에 긍정적인 영향을 미칠 수 있다.

전문강사로 활동하기 :
새로운 지식과 경험을 나누는 기회

은퇴 후 자신의 경험과 지식을 활용해 전문강사로 활동하는 것은 새로운 도전이자 보람찬 기회다. 특히, 디지털 리터러시, 생성형 AI(챗 GPT, 구글 제미나이, MS 코파일럿 등), 블로그 및 SNS 마케팅, ESG, 산업안전, 생애설계, 창업 등 다양한 분야에서 강의 수요가 증가하고 있다. 기존 경력과 경험을 바탕으로 특정 분야의 전문 지식을 체계적으로 전달하는 것은 개인적인 성취감뿐만 아니라 지속적인 경제활동을 이어갈 수 있는 좋은 방법이다. 하지만 성공적인 전문강사가 되기 위해서는 전문역량 강화 교육과 자기계발, 책 집필, 강사 플랫폼 등록, 전문 블로그 및 SNS 운영 등의 다양한 준비가 필요하다.

:: 디지털 리터러시 및 생성형 AI 교육

디지털 리터러시는 현대 사회에서 필수적인 능력으로 자리 잡고 있다. 디지털 기기와 인터넷을 효과적으로 사용하고 정보의 진위 여부를 판단하는 능력은 개인과 기업 모두에게 필수적이다. 전문강사는 디지털 기기 사용법, 온라인 보안, 정보 검색 기술 등을 교육할 수 있으며, 특히 중장년층과 시니어들에게 이러한 기초 지식을 전달하는 수요가 높다.

【한국노인인력개발원 교육사업 사례】

자료: https://www.kordi.or.kr

또한, 최근 주목받고 있는 생성형 AI는 특히 챗GPT와 같은 도구를 활용한 교육이 수요가 증가하고 있다. 챗GPT를 활용한 콘텐츠 작성, 고객 응대, 데이터 분석 등 다양한 분야에서 이 도구를 활용하는 방법을 교육하는 것은 새로운 기회를 창출할 수 있다. AI 기술은 급속도로 발전하고 있으므로 AI 및 데이터 분석 관련 교육을 통한 전문 역량 강화는 필수적이다. 전문강사가 되기 위해서는 챗GPT 관련 전문 자격증이나 워크숍 등을 통해 자신의 역량을 강화하고 최신 기술 동향을 반영한 교육을 설계하는 것이 필요하다.

:: 블로그/SNS를 통한 온라인 마케팅 교육

온라인 마케팅은 필수적인 사업 전략으로 블로그와 SNS는 그 중심에 있다. 많은 자영업자와 소상공인들이 디지털 마케팅에 익숙하지 않기 때문에, 이를 교육하는 전문강사는 큰 수요를 얻고 있다. SEO(검색 엔진 최적화), 소셜 미디어 운영 전략, 블로그 콘텐츠 작성법 등을 교육하면 실질적인 마케팅 효과를 이끌어낼 수 있다.

이러한 교육을 제공하기 위해서는 전문 블로그를 운영해 자신의 경험과 노하우를 공유하고, 이를 통해 자기 브랜딩을 강화해야 한다. 또한, SNS 계정을 통해 활발한 활동을 이어가며 잠재 수강생들과의 소통을 통해 강사로서의 인지도를 높이는 것이 중요하다. 지속적인 팔로워와의 상호작용을 통해 신뢰를 쌓고, 실제 강의와 연계할 수 있다.

:: ESG(환경·사회·지배구조) 교육

ESG(환경, 사회, 지배구조)는 기업 경영의 중요한 요소로 자리 잡고 있다. 많은 기업들이 지속 가능성을 목표로 ESG를 경영 전략에 포함하고 있으며, 이에 대한 교육은 필수적이다. ESG 분야에서 전문강사로 활동하기 위해서는 환경 정책, 사회적 책임, 기업의 투명한 경영 등을 깊이 이해하고, 이를 전달할 수 있는 역량을 갖춰야 한다. 특히, 관련 전문 교육이나 자격증 과정을 통해 지속적으로 학습하며 전문성을 유지하는 것이 중요하다.

ESG 분야에서 강사로 활동하기 위해서는 ESG 관련 출판물을 집필하거나 산업 컨퍼런스에 참가해 네트워크를 확장하는 것도 좋은 방법이다. 또한, 공공기관이나 기업과 협력하여 교육 프로그램을 개발하면, 보다

넓은 기회를 가질 수 있다.

:: 산업안전 및 재해 예방 교육

산업안전과 재해 예방은 특히 제조업, 건설업 등 고위험 산업에서 매우 중요한 주제다. 산업안전 강사로 활동하기 위해서는 산업안전 관련 자격증을 취득하거나 현장 경험을 바탕으로 교육 콘텐츠를 구성해야 한다. 특히, 재해 예방 조치, 작업장 안전 관리, 위험 평가 등을 교육하는 것은 기업과 직원들에게 매우 유익한 정보다.

산업안전 분야에서 활동을 더 강화하기 위해 관련 전문기관에 등록해 강사로서 활동하거나, 강사 풀에 이름을 올려 다양한 현장에서 요청을 받을 수 있다. 산업안전 교육 플랫폼에 등록해 강의 요청을 받을 수 있으며 안전관리 협회 등과 협력해 정기적인 교육을 제공하는 것도 좋은 방법이다.

:: 생애 설계 및 창업 교육

은퇴 후 많은 사람이 생애 설계를 체계적으로 준비하지 못해 어려움을 겪고 있다. 생애 설계 강사는 은퇴 후 재정관리, 건강관리, 사회적 활동 계획 등을 포괄적으로 다루어 노후 생활의 질을 높이는 데 중요한 역할을 한다. 이를 위해 생애 설계 전문가 과정을 이수하거나 관련 자격증을 취득하면 전문성을 인정받을 수 있다.

또한, 창업을 고려하는 은퇴자들에게는 창업 절차, 비즈니스 계획서 작성법, 초기 자본 조달 방법 등을 교육하는 창업 강의가 매우 유용하다. 이 과정에서 창업 관련 전문 서적을 집필하거나 자기 블로그를 통해 창업 정보를 지속적으로 제공하는 것도 중요한 활동이 될 수 있다. 창업 강의는 특히 중소벤처기업부 산하기관이나 지방자치단체에서 진행하는 창업 지원 프로그램과 연계하면 강사로서의 활동 범위를 넓힐 수 있다.

:: 전문역량 강화 및 자기계발

성공적인 전문강사가 되기 위해서는 지속적인 전문역량 강화가 필요하다. 각 분야의 최신 지식을 습득하기 위해 전문 교육 과정이나 워크숍에 참여하고 새로운 기술과 트렌드에 대한 학습을 게을리하지 않아야 한다. 또한, 자신의 전문 분야에서 책을 집필하면 전문가로서의 입지를 더욱 공고히 할 수 있으며, 책 출판은 강의 요청을 받는 데 큰 도움이 된다.

더불어, 관련 강사 플랫폼에 등록해 자신의 전문성을 알리는 것도 중요하다. 강사 풀에 등록해 다양한 기관과 협력할 기회를 넓히고, 온라인 강의 플랫폼을 통해 본인의 강의를 더 많은 사람에게 제공하는 방법도 있다. 예를 들어, 유튜브 강좌나 온라인 교육 사이트에서 활동하는 것도 강사로서의 브랜드를 구축하는 데 큰 도움이 된다.

전통시장 및 상권육성전문가, 창업보육매니저 등 전문가 활동

은퇴 후에도 자신의 경험과 역량을 바탕으로 전문가로서의 새로운 도전을 찾는 사람들이 많다. 특히 전통시장 및 상권육성전문가, 창업보육매니저와 같은 분야는 경제 활성화와 지역 사회 발전에 기여할 수 있는 의미 있는 역할을 한다. 이러한 전문 분야는 오랜 경력과 경험을 활용해 전통시장 및 골목상권이나 예비 창업자들을 돕는 활동으로, 은퇴 후에도 꾸준히 사회에 기여하며 전문성을 발휘할 기회를 제공한다.

:: 상권육성전문가와 상권전문관리자

상권육성전문가와 상권전문관리자는 지역상권을 활성화하고, 전통시장을 재생시키는 중요한 역할을 맡는다. 지역 경제의 중심 역할을 하는 전통시장과 상권이 쇠퇴하는 경우가 많아지면서, 이를 다시 활성화하기 위한 노력이 필요하다. 상권육성전문가들은 시장조사, 상권 분석, 상권 활성화 전략 등을 수립하여 해당 지역의 상인들과 협력해 경쟁력을 강화하고, 지속 가능한 비즈니스 모델을 개발한다.

이들은 다양한 분석 도구와 데이터를 바탕으로 소비 패턴을 분석하고 상권 내 업종 배치와 마케팅 전략을 조정한다. 또한, 상인 교육을 통해 시장의 경쟁력을 높이는 방법을 가르치며, 지역 자원을 활용한 특화 상품 개발이나 지역 행사 기획 등을 통해 고객 유입을 촉진한다. 이러한 상권 관리 및 육성 활동은 중소벤처기업부, 소상공인시장진흥공단, 지방 자치단체와 같은 기관과 협력하여 정책 지원을 받으며 이루어진다.

특히 은퇴자들은 유통, 상권, 경영, 마케팅, 재무 관리 등에서 쌓아온 경험을 바탕으로 상인들의 멘토가 되거나, 상권 분석 및 활성화 전문가로서 상권 활성화 프로젝트에 참여할 수 있다. 이처럼 지역 상권과 전통 시장을 살리는 일은 사회적 기여와 경제적 보상을 동시에 얻을 기회다.

:: 관광두레 PD

관광두레 PD는 지역의 관광 자원을 발굴하고, 이를 기반으로 지역 경제를 활성화하는 전문가다. 특히 문화 관광이 중요한 경제활동으로 떠오르면서 지역의 전통과 문화를 접목한 체험 관광이나 로컬 관광을 활성화하려는 움직임이 활발해졌다. 관광두레 PD는 지역 주민들과 협력해 관광 콘텐츠를 개발하고, 이를 통해 지속 가능한 관광 사업을 만들어 내는 역할을 맡는다.

관광두레 PD는 관광 프로그램 기획, 운영, 홍보, 마케팅 등을 전반적으로 관리하며 지역 주민들이 스스로 지역의 관광 자원을 활용해 수익 창출을 할 수 있도록 돕는다. 또한, 지역 문화와 관광 산업을 결합하여 관광객 유입을 늘리고 지역 사회의 경제적 자립을 지원한다.

:: 창업보육매니저

창업보육매니저는 스타트업과 예비 창업자들을 지원하고, 그들이 성공적으로 사업을 시작할 수 있도록 돕는 전문가다. 창업보육매니저는 창업 초기 단계에서 기업들이 겪는 재무, 마케팅, 제품 개발 등의 문제를 해결하는 데 실질적인 도움을 주며, 비즈니스 모델 설계부터 시장 진입 전략까지 전방위적인 지원을 제공한다.

특히, 창업보육매니저는 정부의 창업 지원 프로그램이나 벤처 투자 유치와 같은 자원을 연결해 주는 코디네이터 역할을 하며 창업자의 멘토로서 그들의 성장을 돕는다. 은퇴자들은 오랜 경영 경험과 시장 지식을 바탕으로 예비 창업자들에게 현실적인 조언을 제공하고, 그들의 성공 가능성을 높이는 데 기여할 수 있다.

창업보육매니저로 활동하려면 창업 관련 자격증이나 전문 교육 과정을 이수하여 창업 시장의 최신 동향을 파악하고 다양한 지원 프로그램에 대해 깊이 있는 이해를 갖춰야 한다. 이 과정에서 창업자들과의 네트워킹을 통해 사업 확장에 필요한 파트너를 찾거나 필요한 자원과 정보를 연결해 주는 중요한 역할을 수행하게 된다.

:: 사회적기업 전문인력

사회적기업은 사회적 가치를 창출하는 동시에 수익을 추구하는 기업으로, 사회적기업 전문인력은 이런 기업들이 경영 효율성을 높이고, 사회적 목표를 달성할 수 있도록 돕는 역할을 한다. 사회적기업 전문인력은 비즈니스 모델을 개발하고, 기업의 재정적 지속 가능성을 높이기 위한 전략적 조언을 제공한다.

특히, 은퇴자들은 과거의 경영 경험을 통해 사회적기업의 운영 시스템을 개선하거나 재무 관리와 마케팅에 대한 실질적인 도움을 줄 수 있다. 이들은 사회적 가치와 경제적 성과를 동시에 추구하는 기업들에 멘토링, 컨설팅, 자원 연계 등의 역할을 맡아, 기업의 성장을 도모할 수 있다.

자기계발과 새로운 학문에 도전하기

은퇴 후에도 자기계발과 새로운 학문에 도전하는 것은 삶의 활력을 유지하고 새로운 기회를 찾는 데 필수적인 요소다. 은퇴 후에야 비로소 자유롭게 자신이 진정으로 관심 있는 분야에 집중할 시간이 주어지며, 이를 통해 제2의 커리어나 전문성 강화로 이어질 수 있다. 빠르게 변화하는 사회에서 새로운 지식과 기술을 습득하는 것은 더 이상 선택이 아니라 필수다. 다양한 학문적 도전과 자기계발 방법을 통해 은퇴 후에도 계속해서 성장할 기회가 마련되어 있다.

은퇴 후 새로운 학문에 도전하는 것은 기존의 경험과 경력을 바탕으로 새로운 분야에서 활력을 찾거나, 더 깊이 있는 지식을 쌓는 기회가 될 수 있다. 특히, 자신이 이전에 경험하지 못했던 분야에 도전하면서 인지적 자극을 유지하고, 사회적 기여를 할 수 있는 새로운 경로를 모색할 수 있다. 새로운 학문에 도전하면 창의력을 자극하고, 문제 해결 능력을 높일 수 있으며, 더 나아가 제2의 경력으로 이어지는 기회도 얻을 수 있다.

예를 들어, 디지털 리터러시, 생성형 AI(챗GPT), 온라인 마케팅,

ESG, 산업안전, 생애설계 등의 분야는 은퇴 후에도 새롭게 도전할 수 있는 유망한 학문들이다. 이러한 학문은 빠르게 변화하는 사회에서 계속해서 수요가 증가하고 있으며, 관련 지식을 바탕으로 전문강사, 컨설턴트, 멘토로 활동할 기회를 제공한다.

은퇴 후 자기계발을 위한 학문적 도전은 다양한 방법을 통해 이뤄질 수 있다. 온라인 교육부터 대학원 석박사 과정까지 선택할 수 있는 옵션이 많아 은퇴 후에도 편리하게 학습할 수 있다.

전문대학원 석박사 과정: 더 깊이 있는 학문을 탐구하고 싶은 사람에게는 전문대학원 석사나 박사 과정이 좋은 선택이다. 이 과정은 은퇴 후에도 새로운 전문성을 획득하거나 기존 경력을 더욱 발전시키는 데 유리하다. 예를 들어, 경영, 법률, 교육, 기술 등 다양한 분야에서 석사 및 박사 학위를 취득함으로써 컨설턴트나 강사로서의 경력을 강화할 수 있다. 또한, 학문적 성취를 통해 더욱 심화된 전문성을 쌓을 수 있고, 이는 강의, 연구, 출판 등 다양한 경로로 이어질 수 있다.

전문 교육업체 및 평생교육원: 많은 대학과 교육기관에서 제공하는 평생교육 과정은 은퇴자들이 새로운 지식을 쉽게 습득할 기회를 제공한다. 서울시 50플러스센터 같은 기관은 중장년층을 대상으로 다양한 교육 프로그램을 운영하며, 디지털 기술, 창업, 생애설계와 같은 주제에서 실질적인 도움을 줄 수 있다. 또한, 각 대학의 평생교육원은 은퇴 후에도 전문성을 강화할 수 있는 과정들을 제공하며 온라인 교육 업체와 협력해 디지털 기반 학습의 편리함을 제공한다.

최고경영자과정: 각 대학에서는 최고경영자과정(AMP)을 운영해 기업 경영자나 고위 임원을 대상으로 심화된 경영 지식을 제공한다. 은퇴 후에도 경영지도사나 컨설턴트로 활동하기 위해서는 최고경영자과정을 통해 최신 경영 트렌드와 전략적 사고 능력을 강화할 수 있다. 이러한 과정은 네트워킹 기회를 제공하며 다양한 분야의 경영자들과 교류할 수 있는 장점이 있다.

온라인 학습 플랫폼: 은퇴 후에도 최신 지식을 습득하기 위해 코세라(Coursera), 유다시티(Udacity), 에드엑스(EdX)와 같은 글로벌 교육 플랫폼을 통해 디지털 기술, 경영, 마케팅, 데이터 분석 등의 과정을 수강할 수 있다. 이러한 플랫폼은 은퇴자들이 자신의 속도에 맞춰 학습할 수 있는 유연성을 제공하며 학문적 도전과 동시에 새로운 직업적 기회를 창출할 수 있다.

자기계발은 단순히 새로운 것을 배우는 것을 넘어서 경력 확장과 연결될 수 있다. 은퇴 후에도 자신이 가진 경험과 새로운 지식을 결합해 전문가로서의 입지를 다지는 것이 중요하다. 이를 통해 강의, 컨설팅, 멘토링과 같은 활동으로 이어질 수 있다.

전문 분야 서적 집필: 자신의 학문적 도전을 바탕으로 전문 서적을 집필하는 것은 전문성을 높이는 좋은 방법이다. 책을 집필하면 자신의 경험과 지식을 체계적으로 정리할 수 있으며, 이는 전문가로서의 명성을 쌓는 데 큰 도움이 된다. 또한, 출판을 통해 강의 요청이나 컨설팅 의뢰를 받을 가능성도 높아진다.

전문 블로그 및 SNS 운영: 새로운 지식을 학습한 후, 이를 블로그나 SNS를 통해 공유하는 것은 매우 효과적인 자기계발 방법이다.

【저자의 개인 블로그 사례】

자료: https://blog.naver.com/misiceo

예를 들어, 학습한 내용을 바탕으로 디지털 마케팅, 챗GPT 활용법, 온라인 마케팅 전략 등을 블로그에 작성해 공유하면 관심 있는 독자들과의 소통을 통해 개인 브랜드를 강화할 수 있다. 또한, 유튜브 채널을 통해 강의를 제공하거나, SNS를 활용해 더 많은 사람과 지식을 나누는 것도 자기계발을 확장하는 방법이다.

전문가로 성장하기 위해서는 네트워크 확장이 필수이다. 자기계발을 통해 습득한 지식을 효과적으로 활용하고 경력을 확장하려면 관련 업계 사람들과의 네트워킹이 중요하다.

강사 플랫폼 등록: 전문강사로 활동하기 위해 강사 풀이나 강사 플랫폼에 등록하면 다양한 교육기관과의 협력을 통해 강의 기회를 얻을 수 있다. 특히, 산업별로 특화된 강사 플랫폼이나 온라인 교육 사이트에 등록하면 더 많은 수강생과의 연결이 가능하다. 또한, 대학의 평생교육원이나 공공기관에서 운영하는 강사 인증 프로그램에 참여해 전문성을 입증할 수 있다.

서울시 50플러스포털 등 활용: 중장년층을 위한 전문교육을 제공하는 서울시 50플러스 포털(www.50plus.or.kr)은 다양한 교육 프로그램과 함께 강의 기회도 제공한다. 또한, 여기서 진행하는 창업 지원 프로그램에 참여하거나 생애설계와 관련된 상담 및 멘토링 프로그램에 참여하면 네트워크 확장과 강의 경력을 쌓을 수 있다.

【서울시 50플러스 포털 홈페이지와 생애설계 자가진단】

자료: 50plus.or.kr

12

자기만의 브랜드 만들기 :
개인 브랜딩과 온라인 플랫폼 활용

디지털과 AI 시대, 개인 브랜드의 중요성

디지털과 AI 시대에 개인 브랜드는 그 어느 때보다 중요한 자산이 되었다. 과거에는 대기업이나 유명한 인물이 아니면 개인 브랜드를 구축하는 것이 어려웠지만, 이제는 누구나 온라인 플랫폼을 통해 자신의 이름과 이미지를 세상에 알릴 기회를 가지게 되었다. 개인 브랜드는 한 사람의 고유한 가치를 나타내는 것이며, 이를 통해 자신의 전문성을 널리 알리고, 다양한 기회를 창출할 수 있다.

디지털과 AI 기술의 발달로 인해 사람들은 온라인 공간에서 자신을 표현하고, 다양한 콘텐츠를 통해 자신만의 목소리를 낼 수 있는 시대에 살고 있다. 특히 SNS, 블로그, 유튜브 같은 플랫폼은 개인 브랜드를 구축하고 널리 알릴 수 있는 강력한 도구가 되었다. 이와 더불어, 생성형 AI 기술이 등장하면서 더 쉽고 효율적으로 콘텐츠를 제작하고 공유할 수 있는 시대가 열렸다. 이처럼 변화하는 환경에서 개인 브랜드는 단순히 자신을 홍보하는 것을 넘어서 신뢰성, 전문성, 차별화를 통해 새로운 기회를 창출하는 중요한 요소로 자리 잡고 있다.

개인 브랜드는 개인의 고유한 가치와 이미지를 구축하고, 이를 통해

세상과 소통하는 것을 의미한다. 이는 단순히 자신을 홍보하는 것을 넘어서 자신의 가치관, 전문성, 경험을 다른 사람들에게 어떻게 전달할 것인지를 포함한다. 성공적인 개인 브랜드는 사람들이 그 개인을 어떻게 인식하는지, 어떤 강점과 차별점을 가지고 있는지에 대한 명확한 이미지를 제공한다.

디지털과 AI 시대에는 경쟁이 더욱 치열해지고 있다. 이 속에서 개인 브랜드는 자신을 돋보이게 하고 수많은 경쟁자들 사이에서 차별화될 수 있는 중요한 전략이 된다. 특히 프리랜서, 강사, 창업가 등 자율적으로 활동하는 사람들에게는 개인 브랜드가 곧 자신의 상품이자 서비스가 된다. 이때, 전문성과 신뢰성을 바탕으로 한 개인 브랜드는 더 많은 기회와 신뢰를 얻을 수 있다.

디지털 기술의 발달로 우리는 전 세계와 쉽게 연결될 수 있는 시대에 살고 있다. 이러한 환경에서 개인 브랜드를 제대로 구축하면 더 많은 사람과 소통할 수 있으며, 경력 발전뿐만 아니라 새로운 비즈니스 기회를 창출하는 데 큰 도움이 된다. 예를 들어, 블로그나 유튜브에서 자신의 경험과 전문 지식을 공유하는 것은 단순한 콘텐츠 제작을 넘어서 자신의 전문가적 이미지를 구축하는 수단이 될 수 있다.

특히 디지털 시대에는 지속적인 자기 노출과 일관된 이미지 관리가 매우 중요하다. 온라인에서 구축된 개인 브랜드는 빠르게 확산될 수 있기 때문에 자신의 가치와 전문성을 명확하게 설정하고 이를 꾸준히 유지해야 한다. SNS, 블로그, 유튜브 등 다양한 채널을 활용해 지속적으로 콘텐츠를 제공하고, 자신의 철학과 가치를 꾸준히 보여줌으로써 신뢰와 공감을 얻는 것이 중요하다.

또한, 디지털 공간에서의 평판 관리도 개인 브랜드의 중요한 요소다. 온라인에서의 평가나 피드백은 빠르게 퍼질 수 있으며 긍정적인 이미지를 꾸준히 유지하는 것이 필수적이다. 이를 위해서는 항상 일관성을 유지하고 긍정적인 경험을 제공하는 것이 중요하다.

AI 시대는 개인 브랜드를 더 효율적으로 관리하고 확장할 수 있는 새로운 기회를 제공한다. 특히 생성형 AI 기술의 발전은 콘텐츠 제작의 효율성을 크게 높여주었다. 예를 들어, 챗GPT와 같은 AI 도구를 활용하면 글쓰기, 콘텐츠 기획, 마케팅 전략 수립 등에서 더 빠르고 효율적으로 작업을 할 수 있다. 이로 인해 개인 브랜드를 구축하고 확장하는 데 필요한 시간과 노력을 크게 줄일 수 있다.

AI 기술은 또한 개인 맞춤형 콘텐츠를 제공하는 데 큰 도움을 준다. AI 분석 도구를 사용해 타겟 청중의 관심사를 분석하고 그에 맞는 맞춤형 콘텐츠를 제공할 수 있다. 예를 들어, 유튜브 채널에서 생성형 AI를 활용해 개인 브랜드에 맞는 콘텐츠를 자동으로 제안받거나, 소셜 미디어에서 팔로워의 반응을 분석해 더 효과적인 전략을 세울 수 있다.

뿐만 아니라, AI는 자동화된 브랜딩 작업을 가능하게 한다. 개인 브랜드의 이미지, 디자인, 메시지를 일관성 있게 유지하면서도 다양한 채널에서 맞춤형으로 전달할 수 있는 시스템을 구축할 수 있다. 예를 들어, AI 기반 마케팅 도구를 활용하면, 개인 브랜드를 위한 SNS 포스팅, 블로그 글 작성, 이메일 마케팅까지 자동화하여 더욱 체계적이고 효율적으로 운영할 수 있다.

디지털과 AI 시대에서 구축된 개인 브랜드는 다양한 기회를 창출할 수 있다. 성공적인 개인 브랜드는 전문가적 신뢰를 구축할 수 있고, 이를 바탕으로 강의 요청, 컨설팅 의뢰, 협업 제안 등 다양한 기회를 얻을 수 있다. 또한, 개인 브랜드가 성장하면 제품 출시나 서비스 제공과 같은 비즈니스 기회로도 확장될 수 있다.

더 나아가, 개인 브랜드는 단순히 경제적 기회를 넘어 사회적 영향력을 확대하는 데도 중요한 역할을 한다. 예를 들어, 자신의 가치관과 철학을 기반으로 개인 브랜드를 구축한 사람들은 사회적 이슈에 대한 메시지를 전달하거나 특정 분야에서 멘토 역할을 할 기회를 갖게 된다.

SNS와 온라인 플랫폼을 활용한 개인 브랜딩

    SNS와 온라인 플랫폼은 현대 사회에서 개인 브랜드를 구축하고 확산하는 데 가장 강력한 도구가 되었다. 과거에는 대기업이나 유명 인물들만이 브랜드를 구축하고 홍보할 수 있었지만, 이제는 누구나 SNS와 온라인 플랫폼을 통해 자신만의 브랜드를 쉽게 만들고 관리할 수 있다. 이 도구들은 저비용으로 큰 효과를 거둘 수 있으며 글로벌 네트워크를 통해 폭넓은 사람들에게 도달할 기회를 제공한다.

    개인 브랜딩에서 가장 중요한 것은 일관성과 명확한 메시지다. SNS와 온라인 플랫폼을 통해 개인 브랜드를 구축할 때 자신의 전문성, 가치관, 이미지가 일관되게 전달되어야 한다. 예를 들어, 특정 주제에 대한 전문 지식을 제공하고 싶다면 모든 플랫폼에서 그 주제에 맞는 콘텐츠를 꾸준히 제공해야 한다. 브랜드의 핵심 메시지와 목표가 일관되게 전달되지 않으면 팔로워들은 혼란을 느끼고 신뢰를 잃을 수 있다.

    개인 브랜딩의 성공적인 사례로는 브랜딩 전략을 명확하게 정하고, 이를 기반으로 콘텐츠 계획을 세워 꾸준히 실행하는 경우가 있다. 예를 들어, 전문적인 경영 컨설팅을 제공하는 사람이라면 SNS에서는 경영 관련 팁, 사례 분석, 최신 트렌드 등을 정기적으로 포스팅하고, 유튜브에서는 전문가적 의견을 담은 강의나 인터뷰 영상을 제공할 수 있다.

SNS와 온라인 플랫폼은 각각 고유의 특성을 가지고 있어, 이를 적절히 활용하는 것이 중요하다. 인스타그램, 페이스북, 링크드인, 유튜브, 스레드/X 등은 서로 다른 청중과 상호작용 방식을 가지고 있다. 따라서 각 플랫폼의 특성에 맞는 콘텐츠를 제공해야 한다.

<u>인스타그램</u>: 이미지 중심의 플랫폼으로 시각적 콘텐츠를 통해 개인 브랜드를 효과적으로 전달할 수 있다. 예를 들어, 사진, 짧은 동영상(릴스), 스토리 등을 활용해 비주얼 중심의 브랜드를 구축할 수 있다. 전문가들이나 강사들은 자신이 강의하는 모습, 책을 읽는 장면, 또는 자신의 일상을 공유하며 전문성과 인간미를 함께 보여줄 수 있다.

<u>페이스북</u>: 커뮤니티 기반의 소셜 미디어로 팔로워와의 긴밀한 소통을 유지하고 싶을 때 유용하다. 페이스북은 그룹 기능을 통해 특정 주제에 관심이 있는 사람들을 모으고 지속적인 대화를 이어 나가면서 신뢰를 쌓을 수 있다. 특히 라이브 방송 기능을 통해 실시간으로 팔로워들과 소통하거나 질문과 답변 세션을 열어 브랜드에 대한 관심을 높일 수 있다.

<u>링크드인</u>: 전문적 네트워킹을 위한 플랫폼으로 직업적 성과와 경력을 강조할 수 있다. 특히 전문가들 사이에서 신뢰를 구축하고 자신의 경력을 기반으로 컨설팅 기회를 창출하고자 할 때 링크드인은 매우 유용하다. 자신의 포트폴리오, 성공 사례, 업계 인사이트 등을 게시하고 관련 업계 사람

들과 네트워크를 확장해 개인 브랜드를 더 널리 알릴 수 있다.

유튜브: 동영상 콘텐츠를 활용한 플랫폼으로 교육적이거나 정보성 콘텐츠를 만들기에 적합하다. 유튜브를 통해 개인 브랜딩을 할 때는 전문성을 강조한 콘텐츠를 제작해 더 많은 팔로워를 확보할 수 있다. 예를 들어, 전문가들은 튜토리얼, 강의 동영상, Q&A 세션을 통해 자신만의 차별화된 정보를 제공할 수 있으며, 이는 개인 브랜드의 신뢰성을 강화하는 데 크게 기여한다.

스레드(Threads): 메타가 제공하는 스레드(Threads)는 짧은 텍스트 중심의 소셜 플랫폼으로 인스타그램과 연동되어 빠르게 의견을 공유할 수 있는 공간이다. 스레드는 간결한 글쓰기로 빠르게 대중의 이목을 끌고 소통하는 데 적합하다. 예를 들어, 전문가들이 핵심 인사이트나 짧은 팁을 제공하면서도 청중과 실시간으로 교류하는 데 활용할 수 있다. 짧은 메시지로 개인 브랜드의 핵심을 전달하면서도 팔로워와 더 쉽게 연결될 수 있는 장점이 있다.

X(구 트위터): 짧은 문장을 통해 전 세계와 실시간으로 소통할 수 있는 X는 빠르고 즉각적인 반응을 이끌어내는 데 강력한 도구다. 전문가들은 업계 소식, 트렌드 분석, 짧은 의견을 자주 공유함으로써 개인 브랜드를 확장할 수 있다. X는 중요한 이슈나 최신 뉴스에 대한 빠른 반응을 제공할 수 있으며 짧은 글을 통해 브랜드 메시지를 간결하고 강렬하게 전달할 수 있는 장점이 있다.

온라인 플랫폼을 활용한 개인 브랜딩에서는 플랫폼의 특성에 맞는 **콘텐츠 전략이 필수적이다.** 다음은 성공적인 온라인 브랜딩을 위한 몇 가지 전략적 요소다.

콘텐츠의 일관성: 개인 브랜드는 꾸준한 콘텐츠 제공을 통해 성장한다. 블로그, 유튜브, SNS에서 제공하는 콘텐츠는 모두 하나의 일관된 메시지와 브랜드 철학을 반영해야 한다. 예를 들어, 경영 컨설팅을 하는 사람은 블로그에서 경영 관련 글을 쓰고, 유튜브에서는 심층적인 분석을 제공하며, SNS에서는 짧은 팁을 제공하는 식으로 각 플랫폼을 연계해 운영할 수 있다.

고유한 목소리와 차별성: 개인 브랜딩에서는 다른 사람과의 차별성이 매우 중요하다. 자신의 고유한 강점을 명확히 설정하고, 이를 기반으로 콘텐츠를 제작해야 한다. 특히 경쟁이 치열한 디지털 시대에서는 자신만의 독특한 시각과 전문성을 강조하는 것이 필요하다.

청중과의 상호작용: 개인 브랜딩은 단순히 콘텐츠를 일방적으로 제공하는 것이 아니라 팔로워와의 상호작용을 통해 관계를 형성하는 과정이다. 각 플랫폼에서 제공하는 댓글, 라이브 방송, 메시지 기능을 활용해 팔로워들의 질문에 답변하고, 그들의 관심사에 맞춘 맞춤형 콘텐츠를 제작하는 것이 중요하다.

개인 브랜딩은 단기적인 활동으로 끝나지 않고, 지속적으로 관리하고 확장해 나가야 한다. 특히 SNS와 온라인 플랫폼은 빠르게 변화하는 환경이므로 트렌드에 맞춘 업데이트와 콘텐츠의 지속적인 관리가 필요하다.

피드백을 바탕으로 콘텐츠를 개선하고 새로운 기술과 도구를 사용해 브랜드를 더욱 효과적으로 알리는 것이 필요하다. 또한, 자신의 브랜드가 온라인 검색 결과에서 잘 드러날 수 있도록 SEO(검색 엔진 최적화) 전략을 활용하는 것도 중요하다.

블로그, 유튜브 등 콘텐츠 크리에이터의 기회

블로그와 유튜브는 현대 사회에서 누구나 자신의 목소리와 전문성을 세상에 알릴 수 있는 강력한 플랫폼으로 자리 잡았다. 이 두 플랫폼은 시니어를 포함한 개인이 콘텐츠 크리에이터로서 활동할 기회를 제공하며 자신의 전문성, 경험, 취미를 바탕으로 꾸준한 수익을 창출할 수 있는 환경을 제공한다. 특히 디지털 시대에 콘텐츠 크리에이팅은 더 이상 선택이 아닌 필수가 되었으며 블로그와 유튜브는 그 중심에 있다.

블로그는 텍스트 기반의 콘텐츠로 자신의 전문성과 의견을 공유하는 가장 기본적이고 오래된 플랫폼 중 하나다. 블로그는 전문성을 중심으로 한 콘텐츠를 깊이 있게 제공할 수 있어 특정 분야에서 자신의 목소리를 내기 좋은 도구다. 블로그를 통해 크리에이터로 활동하는 데는 몇 가지 강점이 있다.

전문성 강화: 블로그는 깊이 있는 글을 통해 자신의 전문성을 널리 알릴 수 있는 좋은 방법이다. 예를 들어, 경영, 투자, 교육 등 다양한 주제에 대해 글을 쓰면서 자신의 지식과 경험을 독자들과 공유할 수 있다. 이렇게 쌓인 콘텐츠는 시간이 지나면서도 계속해서 검색과 참조될 수 있어 지속

적인 트래픽을 얻을 수 있다. 또한, 블로그를 통해 쌓은 전문성을 바탕으로 강의 요청이나 컨설팅 기회를 창출할 수도 있다.

검색엔진 최적화(SEO): 블로그는 검색엔진 최적화(SEO)를 통해 검색 결과 상위에 노출될 수 있어 많은 독자들에게 도달할 수 있다. 주제에 맞는 키워드를 전략적으로 사용하고, 꾸준히 콘텐츠를 업데이트하면 자연스럽게 블로그의 가시성이 높아지고 더 많은 사람이 방문하게 된다. 예를 들어, 특정 전문 분야에서 글을 작성하고, 이를 통해 검색엔진 상위에 노출되면 전문가로서의 신뢰를 얻을 수 있다.

수익 창출: 블로그는 단순한 취미나 정보 공유를 넘어서 크지는 않지만 수익 창출의 기회를 제공한다. 많은 크리에이터들이 블로그를 통해 광고 수익, 협찬, 파트너십을 통해 수익을 얻고 있다. 또한, 블로그는 특정 상품을 리뷰하거나 자신의 지식을 바탕으로 강의를 제공하면서 컨설팅과 같은 추가적인 수익원도 만들 수 있다.

유튜브는 시청각을 활용한 동영상 콘텐츠로 영상 기반의 콘텐츠 제작에 강력한 도구다. 유튜브는 블로그와는 달리 비주얼과 스토리텔링을 통해 청중과 소통할 수 있으며, 영상 매체의 특성상 더 즉각적이고 강력한 메시지 전달이 가능하다.

대중적 접근성: 유튜브는 전 세계에서 가장 인기 있는 동영상 플랫폼으로 다양한 사람들에게 도달할 기회를 제공한다. 유튜브 크리에이터는 자신의 관심사나 전문성을 바탕으로 브이로그, 튜토리얼, 강의 동영상 등 다

양한 콘텐츠를 제작할 수 있다. 예를 들어, 전문가적 지식을 바탕으로 하는 튜토리얼 영상은 시청자들에게 직접적인 도움을 제공하면서도 크리에이터로서의 신뢰를 쌓을 수 있다.

시청자와의 소통: 유튜브는 블로그와 달리 댓글과 실시간 스트리밍 기능을 통해 시청자들과 즉각적으로 소통할 수 있다. 실시간 방송을 통해 시청자들의 질문에 바로 답변을 하거나 영상의 댓글을 통해 시청자와 의견을 나눌 수 있어, 더 가깝고 친밀한 관계를 형성할 수 있다. 이런 양방향 소통은 신뢰를 강화하고 팬층을 두텁게 만드는 중요한 요소다.

수익 창출: 유튜브는 광고 수익을 기본으로 하지만, 그 외에도 브랜드 협찬, 후원, 유료 멤버십, 슈퍼챗 등 다양한 방식으로 수익을 창출할 수 있다. 유튜브는 구독자 수와 조회 수에 따라 수익 규모가 결정되므로 콘텐츠가 인기를 끌면 지속적으로 수익 구조를 확장할 수 있다. 또한, 유튜브를 통해 자신의 서비스를 홍보하거나 제품을 소개하는 방식으로 직접적인 판매도 가능하다.

블로그와 유튜브는 서로 다른 특성을 가진 플랫폼이지만, 이를 잘 결합하면 더욱 강력한 개인 브랜드를 구축할 수 있다. 중요한 것은 각 플랫폼의 장점을 극대화하면서 자신의 차별화된 콘텐츠를 제공하는 것이다.

전문성과 스토리텔링: 블로그에서는 글을 통해 깊이 있는 정보를 제공하고, 유튜브에서는 이를 비주얼과 스토리텔링으로 전달할 수 있다. 예를

들어, 블로그에서 경영 전략에 대한 깊이 있는 글을 쓰고, 유튜브에서는 그 내용을 바탕으로 사례를 설명하거나 인터뷰 형식으로 전문가의 의견을 담은 영상을 제공할 수 있다. 이를 통해 더 넓은 청중에게 도달할 수 있고 다양한 형식으로 자신의 전문성을 보여줄 수 있다.

콘텐츠의 일관성: 두 플랫폼을 활용할 때는 일관된 메시지를 유지하는 것이 중요하다. 블로그와 유튜브에서 다루는 콘텐츠는 서로 보완적인 역할을 해야 하며 주제와 톤이 일관되게 연결되어야 한다. 예를 들어, 유튜브에서 제공하는 강의나 튜토리얼을 블로그에서 요약하거나 블로그에서 다룬 내용을 유튜브 영상으로 풀어 설명하는 방식으로 콘텐츠 간 연결성을 강화할 수 있다.

생성형 AI(예: 챗GPT, 구글 제미나이)의 등장으로 콘텐츠 제작의 효율성이 크게 향상되었다. AI는 블로그 글쓰기, 영상 스크립트 작성, 콘텐츠 아이디어 도출 등에서 중요한 도구로 활용될 수 있다. 챗GPT와 같은 AI 도구를 활용하면 짧은 시간에 더 많은 콘텐츠를 생산할 수 있으며, 이를 통해 크리에이터로서의 활동을 더욱 효율적으로 이어갈 수 있다.

또한, AI 기반 데이터 분석 도구를 활용하면 시청자의 반응을 분석해 더 나은 콘텐츠 전략을 세울 수 있다. 예를 들어, 어떤 주제가 가장 인기가 많은지, 어떤 키워드가 검색에서 잘 노출되는지 파악해 SEO와 콘텐츠 기획에 반영할 수 있다.

생성형 AI 시대, 전략적인 콘텐츠 크리에이팅

생성형 AI의 발전은 콘텐츠 제작 방식을 혁신적으로 바꾸어 놓고 있다. 특히 은퇴자와 같은 시니어들에게는 생성형 AI 같은 쉽고 효율적인 도구들의 등장으로 시니어의 지식과 경험을 담은 창의적이고 생산적인 활동을 지속할 수 있는 새로운 기회가 열리고 있다. 과거에는 콘텐츠 제작이 기술적 장벽이 높았던 반면, 이제 생성형 AI는 누구나 손쉽게 글을 작성하고, 영상을 편집하며, 아이디어를 구체화할 수 있는 도구를 제공한다. 이를 통해 시니어들은 디지털 시대에 맞춰 새로운 콘텐츠 크리에이터로서의 활동을 시작하고, 나아가 자신만의 브랜드를 구축할 수 있다.

생성형 AI란 인공지능 기술을 활용해 자동으로 글을 쓰거나, 이미지를 생성하거나, 동영상을 제작하는 기술을 말한다. 대표적인 예로는 챗GPT와 같은 언어 모델이 있으며, 이 AI 도구는 짧은 시간에 고품질의 글이나 이미지 등을 작성 및 제작할 수 있도록 도와준다. 중장년층이나 은퇴자는 생성형 AI를 활용해 콘텐츠 제작 과정을 효율적으로 관리할 수 있다. 특히 AI는 초안 작성, 아이디어 구체화, 문장 수정 등에서 큰 도움을 주며, 더 이상 복잡한 기술이나 고도의 문장력이 없어도 양질의 콘텐츠를 제작할 수 있는 환경을 제공한다.

예를 들어, 블로그 글이나 컬럼, 책의 내용을 작성할 때 챗GPT에 주제를 입력하면 관련된 아이디어와 구조를 제안받을 수 있다. 은퇴자들은 자신의 경험과 전문성을 바탕으로 AI가 제안한 내용을 바탕으로 글을 다듬고 확장할 수 있어, 시간과 노력을 절약하면서 콘텐츠를 만들어낼 수 있다.

은퇴자는 평생 쌓아온 경험과 지식을 통해 고유한 콘텐츠를 만들 수 있는 강력한 위치에 있다. 생성형 AI의 도움으로 이러한 경험을 더 쉽게 풀어내고 다양한 형태로 변환할 수 있다. 예를 들어, 은퇴 후 특정 직종이나 산업에 대한 노하우나 경험, 애로사항과 문제해결과 같은 주제는 해당 분야에 종사하는 사람들에게 가치 있는 정보가 될 수 있다.

특히 시니어들은 AI 도구를 활용해 더 창의적인 방식으로 콘텐츠를 제작할 수 있다. 유튜브나 팟캐스트를 운영하면서 자신의 경험을 바탕으로 한 이야기를 쉽게 풀어나갈 수 있으며, 생성형 AI는 영상 스크립트 작성이나 아이디어 생성에 도움을 줄 수 있다. 이를 통해 은퇴자들은 젊은 세대와의 지식 공유나 세대 간 소통을 활성화할 수 있다.

생성형 AI는 콘텐츠 제작을 더욱 효율적으로 만들 뿐만 아니라, 시니어들이 일관성 있게 콘텐츠를 관리하는 데도 큰 도움을 준다. 콘텐츠를 꾸준히 생산하기 위해서는 시간과 체력이 중요한데, AI 도구는 이를 자동화하거나 최적화해 시니어들의 부담을 줄여준다.

자동화된 콘텐츠 기획: AI는 시니어들이 운영하는 블로그나 유튜브 채널의 주제를 분석해 인기 키워드를 기반으로 한 주제 추천을 해주고 향후 콘텐츠 방향을 제안한다. 예를 들어, 은퇴 후 건강 관리나 재테크에 대한 주제를 다루는 블로그에서 AI는 해당 주제와 관련된 최신 트렌드를 분석하고 이에 맞는 핫 토픽을 제안할 수 있다.

콘텐츠 제작 시간 단축: 생성형 AI는 콘텐츠 제작 시간을 크게 단축시켜 준다. 글을 작성하는 데 있어 초안 작성부터 편집, 교정까지 AI가 자동으로 처리해 주기 때문에 시니어들은 더 많은 시간을 콘텐츠 기획과 품질 향상에 집중할 수 있다. 또한, AI를 사용해 소셜 미디어에 올릴 짧은 콘텐츠를 자동으로 생성하거나 블로그 글을 SEO에 맞게 최적화할 수도 있다.

멀티미디어 콘텐츠 생성: AI는 텍스트뿐만 아니라 이미지와 동영상도 자동으로 생성할 수 있다. 시니어들은 AI를 통해 동영상 스크립트 작성, 영상 편집, 썸네일 제작 등을 자동화하여 더 쉽게 유튜브 콘텐츠를 제작할 수 있다. 예를 들어, 특정 주제를 설명하는 영상을 제작할 때 AI는 해당 주제에 맞는 이미지를 추천하거나 간단한 편집 작업을 자동으로 수행할 수 있다.

생성형 AI를 활용하면 은퇴자나 시니어들도 더 이상 기술적 장벽 없이 콘텐츠 크리에이터로서 새로운 커리어를 시작할 수 있다. 특히 그들의 삶의 경험과 전문성은 여전히 많은 이들에게 큰 가치를 제공할 수 있다. AI는 이를 더 쉽게 문서화하고 시청각 콘텐츠로 변환해줄 수 있어 시니어들이 자신의 지식과 경험을 널리 공유하는 데 도움을 준다.

새로운 콘텐츠 형식: 시니어들은 생성형 AI를 활용해 블로그와 유튜브를 넘어 팟캐스트, 뉴스레터, 온라인 강의 등 다양한 형태의 콘텐츠를 쉽게 제작할 수 있다. 생성형 AI는 이러한 콘텐츠의 아이디어를 빠르게 생성하고, 콘텐츠의 형식에 맞게 맞춤형으로 변환할 수 있다.

장기적인 수익 창출: 생성형 AI는 콘텐츠 제작의 지속 가능성을 높인다. 은퇴 후에도 꾸준한 콘텐츠 생산을 통해 광고 수익, 브랜드 협업, 유료 구독 서비스 등의 다양한 수익 구조를 만들 수 있다. 특히 유튜브나 블로그에서 생성형 AI를 사용해 일관된 콘텐츠를 지속적으로 제공하면, 더 많은 구독자와 팔로워를 확보하고 이를 기반으로 수익을 창출할 수 있다.

재미있는 퇴직/은퇴 **STORY_ 07**

| 은퇴 후 블로그 등 개인 브랜딩의 장점

① 지식과 경험 공유: 자신의 전문 지식, 경험, 취미 또는 여행 이야기를 공유함으로써 다른 사람들과 소통하고 영감을 줄 수 있다.
② 사회적 연결 유지: 블로그나 소셜 미디어를 통해 독자나 팔로워와 교류하면서 사회적으로 활발하게 활동할 수 있다.
③ 정신적 자극과 학습: 새로운 기술을 배우고 콘텐츠를 생산하면서 뇌를 계속 활동적으로 유지할 수 있다.
④ 추가 수입원 창출: 광고, 제휴 마케팅, 제품 판매 등을 통해 추가적인 수입을 얻을 수 있다.
⑤ 자기표현의 장: 개인 브랜딩은 자신의 생각과 감정을 표현하는 플랫폼을 제공한다. 창작 활동은 자기만족과 개인적 성취감을 높여준다.
⑥ 네트워킹 기회: 비슷한 관심사를 가진 사람들과 연결될 수 있으며, 전문가 그룹, 클럽 또는 커뮤니티에 참여할 기회를 제공한다.

사회에 기여하는 삶 :
자원봉사와 공익 활동

공익 활동을 통한 의미 있는 삶

공익 활동은 개인이 사회에 기여하면서 자신의 삶에 깊은 의미를 부여하는 중요한 방법이다. 특히 은퇴 이후에는 직장에서 벗어나 생기는 시간적 여유를 활용해 사회적 책임을 다하고, 사회적 가치를 창출하는 활동에 참여할 수 있는 좋은 기회가 생긴다. 공익 활동은 단순히 봉사하는 것을 넘어, 공동체의 일원으로서 다른 사람들과 연결되고, 사회적 문제 해결에 기여하면서 삶의 목적을 새롭게 찾는 과정이다.

공익 활동이란 개인이나 조직이 자발적으로 사회적 문제 해결에 기여하고, 더 나은 사회를 만드는 데 참여하는 활동을 의미한다. 이는 빈곤 문제 해결, 환경 보호, 교육 지원, 지역 사회 복지 등 다양한 형태로 이루어질 수 있으며, 그 목적은 공동체의 발전과 사회의 복지 증진이다. 이러한 활동을 통해 개인은 자신이 속한 사회와 더 깊이 연결되고, 사회적 책임을 이행하는 데 중요한 역할을 한다.

은퇴자들에게 공익 활동은 새로운 삶의 의미를 찾는 중요한 계기가 될 수 있다. 많은 사람이 은퇴 후 직장에서 느꼈던 책임감이나 역할이 사라지면서 목표 상실감을 느끼기도 한다. 이때, 공익 활동에 참여함으로써 사회에 기여하고, 다른 사람들에게 도움을 줄 수 있다는 것은 큰 보람을 제공한다. 또한, 자신이 축적한 경험과 지식을 활용해 사회에 다시 환원하는 것은 삶의 가치를 더욱 깊이 있게 만들어 준다.

공익 활동에 참여하는 것은 단순히 사회에 기여하는 것만이 아니라, 개인적인 성장과 정서적 만족감을 동시에 제공한다. 특히 은퇴자들에게는 공익 활동이 정체성 유지와 자아 존중감을 회복하는 데 큰 도움이 된다. 일을 그만두면서 발생하는 사회적 고립감이나 우울감을 극복하고, 새로운 사명감과 소속감을 가질 수 있게 해준다.

공익 활동을 통해 개인은 다음과 같은 가치를 얻을 수 있다.

정서적 만족감: 공익 활동에 참여하면 다른 사람에게 도움을 주고, 그 결과로 직접적인 감사나 긍정적인 피드백을 받게 된다. 이는 정서적 만족감을 크게 높이며, 개인이 자신의 가치를 재확인할 수 있는 계기를 제공한다. 예를 들어, 지역 사회에서 멘토링을 통해 젊은 세대에게 조언을 주고 그들이 성장하는 모습을 보는 것은 큰 보람으로 다가온다.

사회적 연결: 공익 활동은 다양한 사람들과의 교류를 통해 사회적 네트워크를 확장하는 데 도움이 된다. 이는 은퇴 후의 사회적 고립을 극복하고, 새로운 친구나 동료들과의 관계를 통해 사회적 유대감을 강화하는 기회를 제공한다. 공익 활동에 참여하는 사람들은 비슷한 가치관과 목표를 공유하는 경우가 많아, 더 깊이 있는 관계를 형성할 수 있다.

지식과 경험의 활용: 은퇴 후에도 축적된 전문 지식과 경험은 큰 자산이

다. 이를 공익 활동을 통해 사회적 자본으로 활용하는 것은 매우 의미 있는 일이다. 예를 들어, 경영 경험이 있는 사람은 비영리 단체나 지역 사회 프로젝트에서 컨설턴트 역할을 맡아 그들의 운영과 발전을 도울 수 있다. 자신이 쌓아온 전문성을 통해 현실적인 조언과 지원을 제공함으로써 사회에 실질적인 변화를 가져올 수 있다.

자기 성장과 성찰: 공익 활동은 개인에게도 자기 성장의 기회를 제공한다. 봉사 과정에서 다양한 사회적 문제를 접하고, 새로운 경험을 하면서 자신의 사고방식과 가치관을 넓힐 수 있다. 이는 개인적 성찰의 기회를 제공하며, 더 넓은 시야로 세상을 바라보고, 공감 능력을 키우는 데 도움이 된다.

공익 활동은 매우 다양한 형태로 이루어질 수 있으며, 개인의 관심사와 역량에 따라 선택할 수 있다. 은퇴자들이 참여할 수 있는 공익 활동의 예시는 다음과 같다.

지역 복지 봉사: 은퇴자들은 지역 사회에서 노인 복지, 아동 지원 등 다양한 사회적 서비스를 제공하는 프로그램에 참여할 수 있다. 이러한 활동은 지역 사회의 취약 계층을 돕고, 그들의 삶의 질을 높이는 데 기여할 수 있다.

교육 자원봉사: 자신의 전문 지식을 바탕으로 학교나 커뮤니티 센터에서 교육 봉사를 할 수 있다. 예를 들어, 은퇴한 교사나 교수는 독서 지도, 학습 멘토링, 기초 교육 등을 통해 지역 청소년이나 성인에게 지식을 전달

할 수 있다.

환경 보호 활동: 환경 문제에 관심이 있는 사람들은 지역 사회에서 진행되는 환경 정화 활동, 에너지 절약 캠페인, 환경 교육 프로그램에 참여할 수 있다. 이는 개인적으로도 자연과의 연결을 느끼고, 더 나은 환경을 후손에게 물려주는 데 기여하는 방법이다.

지역 사회와의 연결, 기여하는 방식들

지역 사회와의 연결은 은퇴 후에도 지속적으로 사회적 기여를 할 수 있는 중요한 방식이다. 지역 사회는 우리 삶의 일부분이자, 우리의 경험과 지식을 나누며 사회적 유대감을 형성할 수 있는 가장 가까운 공동체다. 특히 은퇴 후 시간적 여유가 생기면서 지역 사회에 기여할 수 있는 방법을 찾는 것은 개인의 삶에 새로운 의미를 부여하고, 사회적 고립감을 해소하는 데 도움이 된다. 이 과정에서 지역 사회와의 연결을 통해 참여할 수 있는 다양한 방식들을 모색하는 것이 중요하다.

은퇴 후에는 직장에서 맺었던 사회적 관계가 줄어들고, 자연스럽게 고립감을 느끼는 경우가 많다. 이때 지역 사회와의 연결은 개인이 사회적 소속감을 유지하고, 정서적 안정을 찾는 데 큰 도움을 준다. 지역 사회와 연결된 활동을 통해 자신이 속한 공동체에 기여하면서도 새로운 관계를 맺고, 지속적인 활동을 이어나갈 수 있다. 이를 통해 지역 사회의 일원으로서 자신의 역할을 찾고, 의미 있는 기여를 할 수 있다.

또한, 지역 사회는 우리가 살고 있는 환경과 직접 연결되어 있기 때문에, 이곳에서의 활동은 그만큼 실질적이고 직접적인 영향을 미친다. 예

를 들어, 환경 개선 활동이나 아동 교육 지원, 노인 복지 프로그램 참여
는 모두 지역 사회의 삶의 질을 높이는 데 중요한 역할을 한다. 은퇴자
들은 이러한 활동을 통해 자신이 축적해온 경험과 지식을 지역 사회와
공유하고, 더 나은 공동체를 만드는 데 기여할 수 있다.

지역 사회에 기여할 수 있는 방법은 매우 다양하다. 이는 개인의 관심
사, 전문성, 그리고 사회적 필요에 따라 선택할 수 있으며, 실질적으로
지역 사회에 도움이 되는 활동들을 통해 보람을 느낄 수 있다.

:: 지역 복지 프로그램 참여

지역 사회에서 제공하는 복지 프로그램에 참여하는 것은 은퇴 후 지
역 사회에 기여할 수 있는 대표적인 방법 중 하나다. 예를 들어, 노인 복
지 프로그램에 참여해 도움이 필요한 이웃을 돕거나, 장애인 지원 활동
에 나서서 그들의 일상생활을 지원할 수 있다. 또한 저소득층 아동을 위
한 멘토링 프로그램에 참여해 그들의 학습과 성장을 돕는 것도 의미 있
는 활동이다.

이러한 활동은 개인이 봉사자로서 지역 사회의 취약 계층과 직접적
인 소통을 통해 도움을 주는 방식으로, 사회적 약자들에게 실질적인 도
움을 줄 수 있다. 더불어 봉사자 자신도 정서적 만족과 사회적 유대감을
느낄 기회를 제공받게 된다.

:: 지역 커뮤니티 활동

지역 커뮤니티 활동은 지역 주민들과의 관계를 강화하고, 공동체의 발

전에 기여할 방법이다. 지역에서 이루어지는 다양한 동호회, 자원봉사 단체, 문화 행사 기획 등은 지역 사회에 활력을 불어넣고, 주민들이 서로 연결되도록 돕는다. 예를 들어, 독서 클럽이나 문화 예술 프로그램을 기획하고 운영하면서 지역 주민들과의 소통을 강화하고, 문화적 풍요로움을 지역 사회에 더해줄 수 있다.

특히 환경 보호 활동은 점점 더 중요해지고 있다. 은퇴자들은 지역 사회에서 진행하는 환경 정화나 에너지 절약 캠페인에 참여해, 지역의 자연을 보호하고 친환경 생활 방식을 확산시키는 데 기여할 수 있다. 이는 지역 사회와 자연환경의 조화로운 발전을 도모하는 동시에, 다음 세대에 깨끗한 환경을 물려주는 사회적 책임을 실현하는 방법이 된다.

:: 지역 상권 및 전통시장 지원

전통시장이나 지역 상권을 지원하는 것도 지역 경제 활성화에 기여할 수 있는 중요한 활동 중 하나다. 지역 상권은 경제적으로 어려움을 겪는 경우가 많은데, 은퇴자들이 마케팅이나 경영과 관련된 경험을 바탕으로 상인 교육이나 상권 활성화 방안을 제시할 수 있다. 이를 통해 상인들이 경쟁력을 높이고, 지역 상권이 활성화되는 데 기여할 수 있다.

또한, 지역 시장에서 지역 주민들과의 직접적인 교류를 통해 상인들의 경영 개선을 돕는 일도 가능하다. 상권 활성화는 지역 경제 전반에 긍정적인 영향을 미칠 수 있으며, 이를 통해 지역 주민들의 삶의 질도 함께 향상된다.

:: 지역 자원봉사 센터와의 협력

많은 지역 사회에는 자원봉사 센터가 운영되고 있다. 이곳에서는 다양한 봉사 기회를 제공하며, 개인의 역량과 관심사에 맞는 자원봉사 활동을 추천해 준다. 은퇴자들은 이러한 자원봉사 센터와 협력해 사회적 약자나 환경 보호, 문화 발전 등 다양한 분야에서 자원봉사 활동을 할 수 있다.

예를 들어, 멘토링 프로그램을 통해 자신의 경험과 지식을 지역 청소년들에게 전수하거나, 기술 봉사로 지역 사회 내에서 필요한 기술적 지원을 제공할 수 있다. 이러한 활동은 단기적으로도 실질적인 도움을 줄 수 있지만, 장기적으로는 지역 사회의 인적 자원을 강화하고, 세대 간 연결을 촉진하는 데 기여할 수 있다.

:: 기여의 지속성과 개인의 만족

지역 사회와의 연결을 통한 활동은 지속적인 참여를 통해 더 큰 변화를 이끌어낼 수 있다. 한 번의 봉사로 끝나는 것이 아니라, 꾸준한 참여를 통해 지역 주민들과 신뢰 관계를 형성하고, 그 안에서 더 많은 기여를 할 수 있다. 은퇴자들이 지속적으로 활동할 때, 자신만의 역할을 찾고 책임감을 느끼게 되며, 이러한 활동에서 오는 정서적 만족감과 사회적 보람은 점점 더 커질 것이다.

자원봉사로 얻는 만족감과 보람

자원봉사는 개인이 사회에 기여하면서도 스스로에게 깊은 만족감과 보람을 느낄 수 있는 활동이다. 특히 은퇴 후 시간적 여유가 생긴 사람들에게 자원봉사는 사회적 기여뿐 아니라, 정서적 안정과 삶의 의미를 재발견할 수 있는 중요한 기회가 된다. 많은 사람은 자원봉사를 통해 단순히 도움을 주는 것을 넘어서, 자신의 존재 가치를 확인하고, 다른 사람들과의 관계를 통해 정서적 풍요로움을 경험하게 된다.

자원봉사를 통해 다른 사람에게 도움을 주는 것은 개인에게 큰 정서적 만족감을 제공한다. 특히 직접적인 도움이 필요한 사람들에게 긍정적인 영향을 미친다는 사실은 자원봉사자의 자아 존중감을 높이고, 자신의 삶에 대한 긍정적인 태도를 형성하게 한다. 자원봉사는 단순한 나눔을 넘어서 삶의 목적을 재발견하고, 새로운 사회적 연결망을 형성하는 데 기여한다.

도움이 필요한 사람과의 교류: 자원봉사는 주로 사회적 약자, 예를 들어 노인, 아동, 장애인 등을 대상으로 하며, 그들과의 인간적인 교류는 자원봉사자에게 큰 정서적 충족감을 제공한다. 예를 들어, 혼자 생활하는 어르신들에게 따뜻한 말 한마디와 작은 도움이 그들의 일상에 큰 변화를 가져올 수 있다. 이러한 경험은 자원봉사자 자신에게도 나눔의 행복을 키우고, 인간관계의 소중함을 다시금 일깨우는 기회가 된다.

긍정적인 피드백: 자원봉사 활동을 통해 감사와 칭찬을 받는 경험은 개인에게 큰 심리적 안정감을 준다. 자신이 제공한 작은 도움이라도, 수혜자나 지역 사회에서 느끼는 감사의 표현은 자원봉사자의 동기부여를 강화하고, 활동을 지속적으로 이어갈 수 있는 원동력이 된다. 이는 자원봉사자가 자신의 행동이 타인에게 실질적인 영향을 미친다는 사실을 깨닫게 하며, 더 나은 삶을 위한 책임감을 고취시키는 중요한 요소다.

자원봉사는 단순한 봉사 이상의 의미를 지닌다. 그 과정에서 자원봉사자는 사회적 관계를 확장하고, 자신의 지식과 경험을 활용해 타인에게 실질적인 도움을 주며, 사회적 성취감을 얻는다. 은퇴 후 자원봉사는 직장에서 느꼈던 성취감과 사회적 역할을 이어가면서도, 새로운 방식으로 사회에 기여할 수 있는 좋은 기회다.

사회적 관계 확장: 자원봉사는 새로운 사람들을 만나고, 다양한 네트워크를 형성할 기회를 제공한다. 같은 목적을 가진 자원봉사자들과의 관계는 개인에게 소속감을 제공하며, 은퇴 후 사회적 고립을 경험할 수 있는 상황에서 사회적 연결을 유지하는 데 큰 역할을 한다. 특히 지역 사회에서 자원봉사 활동에 꾸준히 참여하면, 다양한 연령층의 사람들과 교류하면서 세대 간 이해와 공감을 넓힐 수 있다.

삶의 보람: 자원봉사를 통해 자신의 경험과 지식을 나누고, 이를 통해 타인의 삶에 긍정적인 변화를 일으키는 과정은 매우 보람찬 일이다. 예를 들어, 경영 경험이 풍부한 은퇴자는 비영리 단체나 사회적 기업에 참여해 그들의 운영 방식을 개선하는 데 실질적인 도움을 줄 수 있다. 또한, 은퇴후 시간을 할애해 지역 학교나 커뮤니티에서 멘토링 활동을 하며 젊은 세대에게 조언을 제공하는 것 역시 삶의 보람을 느끼게 해주는 자원봉사 활동이다.

사회적 책임의 이행: 자원봉사는 개인이 사회에서 가진 책임을 실현하는 중요한 방식이다. 은퇴 후에도 개인은 사회의 일원으로서 그간 쌓아온 경험과 지식을 공동체와 나누며, 더 나은 사회를 만들기 위해 기여할 수 있는 역할을 맡을 수 있다. 이는 자원봉사자의 삶의 가치를 높이는 동시에, 타인의 삶에도 긍정적인 영향을 미치는 중요한 활동이 된다.

자원봉사는 개인에게 성장의 기회를 제공한다. 특히 은퇴 후 자원봉사를 통해 새로운 시각을 배우고, 사회 문제에 대해 더 깊이 이해할 기회를 얻게 된다. 봉사 과정에서 다양한 문제를 접하고, 이를 해결하기 위한 창의적 사고와 문제 해결 능력이 길러진다. 자원봉사는 개인의 심리적 안정과 성숙을 돕고, 나아가 사회적 리더십을 기를 수 있는 중요한 경험이 된다.

자기 인식의 확장: 자원봉사는 단순히 다른 사람을 돕는 것을 넘어서, 자신의 강점과 약점을 깨닫고 이를 통해 자신을 돌아볼 기회를 제공한다. 봉사 활동 중 겪는 다양한 상황과 도전은 자원봉사자로 하여금 자신의 한

계를 뛰어넘게 하고, 새로운 능력을 발견하게 만든다. 이는 자아 성장과 성취감을 동시에 얻을 기회를 제공한다.

사회적 기여를 통한 성장: 자원봉사는 개인이 속한 사회와 더 깊이 연결될 기회를 제공한다. 봉사를 통해 사회적 약자나 소외된 이웃을 이해하게 되면서, 더 큰 공감 능력을 기르고, 사회적 책임 의식을 강화할 수 있다. 은퇴 후에도 자원봉사를 지속한다면, 더 넓은 시각에서 세상을 바라보고 사회 문제 해결에 적극적으로 나설 수 있는 리더십을 발휘할 수 있다.

세대 간 지식과 경험을 나누는 멘토링 역할

세대 간 지식과 경험을 나누는 멘토링은 은퇴 후에도 자신의 경험과 지혜를 다음 세대에 전달하며 사회에 기여할 수 있는 중요한 활동이다. 특히, 많은 은퇴자들이 오랜 시간 동안 쌓아온 전문 지식, 경험, 삶의 교훈은 젊은 세대에게 큰 가르침과 영감이 될 수 있다. 멘토링은 단순한 지식 전달을 넘어 세대 간 이해를 증진시키고, 서로의 다름을 존중하며, 공동의 목표를 향해 협력할 수 있도록 돕는 교량 역할을 한다.

멘토링이란 자신이 쌓아온 지식과 경험을 바탕으로, 조언과 지원을 제공하여 상대방이 더 나은 선택을 할 수 있도록 돕는 과정이다. 멘토는 단순히 정보와 기술을 전달하는 역할을 넘어서, 상대방이 가진 잠재력을 발견하고 성장할 수 있도록 이끄는 코치 역할을 한다. 특히 은퇴 후 멘토링을 통해 자신의 경험을 나누는 것은 세대 간 연결을 강화하고, 젊은 세대가 미래를 준비하는 데 중요한 역할을 한다.

은퇴자는 오랜 경력과 삶의 경험을 통해 얻은 지혜를 바탕으로 젊은 세대에게 현실적인 조언과 방향성을 제공할 수 있다. 이를 통해 젊은이들은 보다 현실적인 시각을 가질 수 있으며, 멘토로부터 받은 지식과 조언을 바탕으로 도전의 용기를 얻는다. 이 과정은 세대 간의 교류를 촉진하고, 상호 존중과 이해를 기반으로 한 관계를 형성하는 데 중요한 역할을 한다.

멘토링은 다양한 분야에서 이루어질 수 있으며, 각 세대의 특성과 관심사에 맞춰 적절한 방식으로 진행될 수 있다. 은퇴자들은 자신이 쌓아온 경력과 전문 지식을 활용하여 젊은 세대와 지식과 경험을 나눌 수 있으며, 이를 통해 세대 간 이해와 협력을 도모할 수 있다.

직업 및 경력 멘토링: 은퇴자들은 자신의 경력을 바탕으로 직업 선택이나 커리어 개발에 대한 조언을 제공할 수 있다. 예를 들어, 다양한 분야에서 오랜 경험을 쌓은 전문가들은 젊은이들이 직업 선택이나 직무 수행 과정에서 부딪히는 문제를 해결하는 데 실질적인 조언을 줄 수 있다. 또한, 창업을 고려하는 젊은 세대에게 창업 과정의 어려움과 비즈니스 전략을 전수하는 것은 큰 도움이 될 수 있다. 이는 젊은이들이 보다 현실적인 접근을 할 수 있도록 돕고, 실패를 최소화하는 방법을 배울 기회를 제공한다.

인생 조언과 가치관 형성: 멘토링은 직업적인 조언을 넘어 인생의 방향성과 가치관 형성에 대한 깊은 이야기를 나누는 과정이기도 하다. 은퇴자들은 삶에서 겪은 다양한 성공과 실패를 통해 얻은 교훈을 젊은 세대와 공유할 수 있다. 이를 통해 젊은이들은 삶의 우선순위를 설정하고, 인생의 목표를 구체화할 수 있다. 멘토의 경험은 그 자체로 귀중한 자산이 되어,

멘티가 어려운 상황에 직면했을 때 길잡이 역할을 해줄 수 있다.

사회적·문화적 연결: 멘토링은 단순히 직업적 조언을 제공하는 데 그치지 않고, 사회적·문화적 차이를 극복하고 세대 간 간극을 좁히는 데에도 중요한 역할을 한다. 젊은 세대와 은퇴자는 각기 다른 시대적 배경을 가지고 있지만, 멘토링을 통해 서로의 문화적 차이를 이해하고, 그 간극을 메울 수 있다. 이 과정에서 은퇴자들은 자신이 경험한 역사적 맥락을 젊은이들에게 설명하고, 그들이 과거의 교훈을 배우는 기회를 제공한다.

멘토링은 멘티에게만 유익한 것이 아니라, 멘토에게도 새로운 시각과 성장을 제공하는 양방향 활동이다. 젊은 세대는 최신 기술과 트렌드에 대한 정보를 멘토에게 제공하며, 멘토는 이를 통해 새로운 지식을 습득하고 업데이트된 사고방식을 접하게 된다. 또한, 젊은 세대와의 소통을 통해 유연한 사고를 유지하고, 창의적 해결 능력을 기를 수 있다.

멘토의 자기 성장: 멘토는 자신의 경험과 지식을 나누는 과정에서 자기 성찰을 하게 된다. 과거의 경험을 되돌아보며, 이를 재구성하는 과정에서 자신의 삶의 의미를 다시 한번 깨닫고, 나아가 자신의 경험이 타인에게 영향을 미친다는 사실에서 큰 보람을 느낄 수 있다. 이로 인해 멘토 역시 계속해서 성장하고 발전할 기회를 얻는다.

세대 간 상호 학습: 멘토링은 멘티에게서 배우는 상호 학습의 기회이기도 하다. 젊은 세대는 빠르게 변화하는 디지털 기술이나 사회적 변화에 익숙하며, 멘토는 이를 통해 새로운 정보를 습득하고 자신의 전문성을 확장

할 수 있다. 이는 멘토가 단순히 과거에 머물지 않고, 미래 지향적으로 나아갈 수 있도록 도와준다.

멘토링이 성공적으로 이루어지기 위해서는 상호 신뢰와 소통이 필수적이다. 멘토와 멘티는 상호 존중을 바탕으로 열린 마음으로 소통하며, 경험과 가치관을 나누는 과정에서 서로를 이해하는 자세가 필요하다.

경청과 공감: 멘토는 멘티의 목표와 고민을 이해하기 위해 경청하는 자세를 유지해야 한다. 젊은 세대가 직면한 문제나 고민은 과거와 다를 수 있지만, 이를 공감하고 지지해 주는 것이 멘토링 관계에서 중요한 요소다. 멘티가 자유롭게 자신의 생각을 표현할 수 있도록 안전한 환경을 조성하는 것도 멘토의 역할 중 하나다.

지속적인 관계: 멘토링은 단기적인 조언에 그치지 않고, 지속적인 관계를 유지하는 것이 중요하다. 멘토는 멘티가 스스로 성장할 수 있도록 지속적인 피드백과 지원을 제공하며, 멘티의 성과를 함께 축하하고 동기부여를 이어갈 수 있어야 한다.

14

은퇴 후 잠재 리스크 줄이기

은퇴 후 잠재 리스크 왜 줄여야 하는가?

은퇴 후에는 직장생활을 마치고 더 많은 자유와 여유를 누릴 수 있는 시기인 동시에, 경제적 안정과 건강 유지 등 다양한 리스크에 노출되는 시기이기도 하다. 이러한 리스크들은 은퇴자들이 계획한 안정적인 은퇴 생활에 큰 영향을 미칠 수 있으며, 은퇴 후 삶의 질을 유지하는 데 있어 위협 요인이 된다. 따라서 은퇴 후에는 잠재 리스크를 사전에 인지하고, 이를 최소화하는 것이 매우 중요하다. 잠재 리스크를 줄이는 것은 개인의 경제적 안전망을 강화하고, 심리적 안정을 유지하며, 건강한 은퇴 생활을 지속하는 데 필수적인 요소다.

은퇴 이후에는 정기적인 고정 수입이 줄어들거나 완전히 없어지기 때문에, 소득원이 제한적일 수밖에 없다. 직장에 다닐 때는 급여라는 안정적인 수입이 있었지만, 은퇴 후에는 연금, 저축, 투자 수익 등 한정된 소득에 의존하게 된다. 이런 상황에서 예상치 못한 리스크가 발생하면, 재정적 타격을 입을 가능성이 높다.

예를 들어, 보이스피싱이나 금융사기와 같은 범죄에 당하면 큰 손실을 볼 수 있고, 이를 회복하기 어려운 경우가 많다. 따라서 은퇴 후의 경제적 여건에서는 이러한 사기 리스크를 줄이기 위한 사전 대비가 매우 중요하다. 이를 위해 금융사기 방지 교육에 참여하거나, 전문가의 조언을 받아 투자와 자산 관리를 신중하게 하는 것이 필요하다.

은퇴 후에는 건강이 가장 중요한 자산이다. 하지만 나이가 들수록 건강 문제는 예상치 못한 리스크로 작용할 수 있다. 만성질환, 심혈관 질환, 치매와 같은 병은 은퇴 생활을 어렵게 만들 수 있으며, 치료를 위한 의료 비용도 상당하다. 특히 한국의 의료 체계는 비교적 잘 갖춰져 있지만, 본인 부담금이 많이 발생하는 경우도 있어 경제적 부담으로 이어질 수 있다.

따라서 건강 리스크를 줄이기 위해서는 정기적인 건강 관리와 예방적인 의료 서비스를 적극적으로 활용하는 것이 중요하다. 또한, 예상치 못한 질병에 대비해 실손 의료 보험이나 건강 보험 등을 미리 준비해 두는 것이 필요하다. 이를 통해 은퇴 후 건강 문제로 인한 재정적 부담을 줄이고, 안정적인 은퇴 생활을 유지할 수 있다.

은퇴 후에는 재정 관리가 은퇴 전보다 훨씬 더 중요해진다. 한정된 소득과 자산을 관리하며 오랜 은퇴 생활을 대비해야 하기 때문이다. 하지만 많은 은퇴자들이 부동산 투자, 주식 투자, 창업 등에 대한 잘못된 정보나 충동적인 판단으로 인해 큰 손실을 겪기도 한다. 이러한 투자 리스크는 은퇴자들의 재정 상태에 치명적인 영향을 미칠 수 있다.

특히 은퇴 후에는 큰 수익을 내기보다는 안정적인 자산 관리에 중점을 두는 것이 중요하다. 고위험 투자보다는 안정적인 금융 상품에 투자해 자산을 지키고, 지속적으로 리스크 관리를 해야 한다. 전문가의 도움을 받거나, 스스로 금융 지식을 쌓아 합리적인 재정 계획을 세우는 것이 필요하다.

은퇴 후 가족 문제도 중요한 리스크 요인 중 하나다. 자녀의 결혼, 주거 지원, 교육비 등으로 인해 은퇴 자금을 계획보다 많이 사용하게 되는 경우가 있다. 이러한 자녀 리스크는 부모가 은퇴 후 생활에 필요한 자금을 지나치게 자녀에게 지원하는 과정에서 발생한다. 특히 부모가 자녀의 결혼 자금이나 집 마련 자금을 무리하게 지원하다 보면, 정작 자신의 은퇴 자금이 부족해져 경제적 어려움을 겪을 수 있다.

또한, 황혼 이혼도 은퇴 후 발생할 수 있는 큰 리스크다. 오랜 기간 함께 생활하던 부부가 은퇴 후 더 많은 시간을 함께 보내면서 생기는 갈등이 이혼으로 이어질 수 있다. 황혼 이혼은 정서적 충격뿐만 아니라 재산 분할로 인해 경제적 어려움까지 초래할 수 있다. 따라서 은퇴 후에는 가족과의 관계를 잘 관리하고, 경제적 균형을 유지하며 심리적 안정을 도모하는 것이 필요하다.

마지막으로 은퇴 후에는 심리적 리스크도 무시할 수 없다. 직장에서의 역할이 사라지면서 느끼는 상실감, 그리고 소속감 부족으로 인해 우울증이나 불안감을 겪을 수 있다. 이는 신체 건강에도 영향을 미치며, 장기적으로 은퇴 생활의 질을 저하시키는 원인이 된다. 심리적 리스크를 줄이기 위해서는 사회적 활동에 적극적으로 참여하고, 취미 생활을 유지하며, 자신의 가치를 찾는 것이 중요하다. 은퇴 후 사회적 관계를 유지하고 확장하는 것도 심리적 안정을 유지하는 데 도움이 된다. 동호회나 자원봉사와 같은 활동을 통해 새로운 인간관계를 형성하고, 사회적 소속감을 찾는 것이 필요하다.

금융사기와 보이스피싱 등 사기 리스크

은퇴 후 재정적인 여유를 확보하는 것은 많은 은퇴자들에게 중요한 과제다. 하지만 은퇴 후에는 고정적인 수입이 줄어들고 자산 관리가 더욱 중요한 시기가 되기 때문에, 금융사기와 같은 외부 위협에 더 쉽게 노출될 수 있다. 특히, 최근 증가하는 보이스피싱, 스미싱 등 각종 사기 수법은 은퇴자들의 자산을 노리고 있어 주의가 필요하다. 이러한 사기 리스크는 은퇴자의 경제적 안전망을 크게 위협할 수 있으며, 이를 방지하기 위한 철저한 대비가 필수적이다.

금융사기는 다양한 형태로 나타나며, 그 수법이 날로 진화하고 있다. 은퇴자들은 금융 지식이 부족하거나 새로운 디지털 금융 환경에 익숙하지 않은 경우가 많아 사기범의 주요 표적이 되기 쉽다. 대표적인 금융사기 유형으로는 보이스피싱, 스미싱, 불법 대출 등이 있다.

보이스피싱: 보이스피싱은 사기범이 전화를 통해 자신을 은행 직원이나 경찰, 검찰로 가장해 피해자로부터 개인정보나 금융정보를 빼내는 수법이다. 사기범은 주로 "금융사고가 발생했다"거나 "범죄에 연루되었다"는 등의

긴급한 상황을 강조해 피해자가 당황한 상태에서 금전을 송금하게 만든다. 은퇴자들은 이러한 상황에서 쉽게 속아 넘어갈 수 있으므로, 낯선 전화나 긴급한 상황을 강조하는 요청에 주의를 기울여야 한다.

스미싱: 스미싱은 문자메시지를 통해 악성 링크를 클릭하도록 유도하여 피해자의 스마트폰에 악성 프로그램을 설치하고, 이를 통해 금융정보를 탈취하는 방법이다. 사기범은 택배 배송이나 공공기관을 사칭한 메시지를 보내 피해자가 링크를 클릭하도록 유도한다. 은퇴자들은 이러한 메시지를 받았을 때 즉시 링크를 클릭하지 말고, 공식 홈페이지나 고객센터에 직접 문의해 확인하는 것이 중요하다.

불법 대출 사기: 금융사기가 더 교묘해지면서, 은퇴자들을 대상으로 한 불법 대출 사기도 성행하고 있다. 사기범들은 은퇴자들에게 "낮은 이자로 대출해준다"거나 "정부 지원 대출"이라는 명목으로 접근하여, 대출을 받기 위해 선입금을 요구하거나 개인정보를 탈취한다. 실제로는 대출이 이뤄지지 않고, 선입금만 빼앗기거나 개인정보가 악용되는 사례가 많다.

금융사기는 은퇴자들에게 매우 치명적일 수 있다. 은퇴 후에는 더 이상 고정적인 수입원이 없기 때문에, 한번 사기를 당해 재산 손실이 발생하면 이를 회복하기가 매우 어렵다. 경제적 손실은 곧 은퇴 후 생활 수준에 직접적인 영향을 미치며, 사기 피해로 인해 은퇴 후 계획했던 여유로운 삶이 불안과 재정적 압박으로 변할 수 있다.

또한, 사기 피해는 심리적인 충격을 가져올 수 있다. 사기를 당한 은퇴자들은 스스로 자책하거나 신뢰감을 상실하여, 이후 사회적 관계나 금융 거래에 대해 불안감을 느끼게 된다. 이러한 심리적 스트레스는 우울증이나 불면증 등 건강 문제로도 이어질 수 있다. 따라서 사기 리스크를 사전에 인지하고 예방하는 노력이 무엇보다 중요하다.

금융사기와 같은 리스크를 예방하기 위해서는 무엇보다도 경계심을 가지고, 올바른 정보를 습득하는 것이 필요하다. 특히, 금융사기 수법은 계속해서 진화하고 있으므로, 최신 사기 수법에 대한 정보를 지속적으로 학습하고 대응 방법을 익혀야 한다.

정보 보호: 은퇴자들은 개인정보와 금융정보를 철저히 보호해야 한다. 은행이나 공공기관은 절대 전화나 문자로 개인정보를 요구하지 않으므로, 의심스러운 전화나 메시지를 받았을 때는 즉시 끊고 다시 확인하는 것이 중요하다. 또한, 금융기관에서 제공하는 보안 서비스를 적극적으로 활용해 개인정보가 외부에 노출되지 않도록 해야 한다.

공신력 있는 기관 활용: 금융 관련 상담이나 조언을 받을 때는 반드시 공신력 있는 금융기관이나 정부 기관에 문의해야 한다. 은퇴자들은 자칫 지인 소개나 광고를 통해 사기성 금융 상품에 접근할 위험이 있으므로, 전문가의 조언을 받기 전에는 어떠한 금융 거래도 서두르지 않아야 한다.

사기 예방 교육: 금융사기 예방을 위한 교육에 적극 참여하는 것도 좋은 방법이다. 정부나 금융기관에서는 금융사기 예방 캠페인이나 교육 프로그램을 정기적으로 운영하며, 은퇴자들이 이러한 프로그램에 참여해 최신 사기 수법을 배우고 대처 방법을 익히는 것은 매우 효과적이다. 또한, 지역

사회나 노인 복지센터 등에서도 금융사기 예방을 위한 정보 공유 세미나를 진행하는 경우가 많으므로, 이러한 기회를 적극 활용하는 것이 중요하다.

가족과의 소통: 가족 간의 소통도 사기 예방에 큰 역할을 한다. 은퇴자들이 혼자서 사기성 전화를 받거나 어려운 금융 상황에 놓였을 때, 즉시 가족에게 알리고 상의하는 것이 필요하다. 사기를 당하기 전에 경계 신호를 인지하고 미리 대처하는 것이 가장 효과적인 예방 방법이다.

금융사기 피해자는 신속한 대응과 법적 지원을 통해 손해를 최소화할 수 있다. 금융감독원이나 경찰청 등 공공기관은 금융사기 피해를 당한 은퇴자들에게 법적 상담과 피해 회복 절차를 지원하며, 이러한 기관의 도움을 받는 것이 중요하다. 또한, 피해 발생 시 즉시 금융기관에 신고해 계좌 동결 조치를 취하는 등 신속한 대응이 필요하다.

부동산 등 각종 투자 리스크

　은퇴 후 재정적 안정을 위해 투자는 필수적인 선택지로 떠오른다. 특히 많은 은퇴자들은 부동산 투자를 통해 고정 수익을 얻거나 자산을 증식하려는 경향이 있다. 그러나 은퇴 후에는 수익을 추구하는 것보다 안정적인 자산 관리가 더욱 중요한 시기다. 잘못된 투자 결정은 은퇴 후 삶의 질을 크게 저하시킬 수 있으며, 특히 부동산과 같은 고위험 자산 투자는 심각한 재정적 리스크로 이어질 수 있다. 따라서 은퇴 후 투자에 대한 위험 관리는 반드시 고려해야 할 요소다.

　부동산은 대표적인 장기 투자 자산으로, 안정적인 수익을 기대할 수 있다는 장점이 있다. 하지만 은퇴자들이 부동산 투자를 할 때는 위험 요소를 충분히 고려해야 한다. 부동산 시장은 경기 변동과 지역 경제 상황에 민감하게 반응하며, 시장 상황이 좋지 않으면 큰 손실을 볼 수 있다. 은퇴자들은 이러한 부동산 투자 리스크를 사전에 인지하고, 신중하게 투자 결정을 내리는 것이 필요하다.

시장 변동성: 부동산 시장은 예측하기 어려운 요소들이 많다. 예를 들어, 정부의 규제나 금리 인상, 지역 경기 침체 등으로 인해 부동산 가격이 하락할 수 있으며, 예상했던 수익을 얻지 못할 위험이 있다. 특히 주택 시장은 수요와 공급의 불균형에 따라 크게 변동할 수 있어 투자 타이밍이 중요하다. 은퇴 후에는 단기적인 이익보다는 장기적 안정성을 우선시해야 한다.

유동성 문제: 부동산은 유동성이 낮은 자산이다. 즉, 필요할 때 바로 현금화하기 어렵다는 단점이 있다. 예를 들어, 부동산을 매도하려고 해도 시장 상황이 좋지 않으면 매도 기간이 길어질 수 있으며, 급하게 자금이 필요할 때 즉각적인 대응이 불가능할 수 있다. 은퇴자들은 이를 고려해 부동산에 지나치게 많은 자산을 몰아넣지 않도록 해야 한다. 자산 포트폴리오에서 적절한 비율로 부동산을 보유하고, 유동성이 높은 자산을 함께 유지하는 것이 필요하다.

임대 수익의 불확실성: 많은 은퇴자들이 임대 수익을 기대하고 부동산에 투자한다. 그러나 임대 수익은 항상 안정적이지 않다. 예를 들어, 공실이 발생하면 예상보다 낮은 수익을 얻게 되거나, 세입자의 문제로 인해 임대료 수취에 어려움을 겪을 수 있다. 또한, 건물의 유지보수 비용이나 관리비가 발생할 수 있으며, 이는 임대 수익을 잠식하는 요인으로 작용할 수 있다. 은퇴자는 이러한 요소를 고려하여 안정적인 임대 수익을 낼 수 있는 부동산을 선택하고, 부동산 관리에 대한 계획을 세워야 한다.

부동산 외에도 은퇴자들이 관심을 가지는 주식, 채권, 펀드와 같은 다양한 투자 상품에도 리스크가 존재한다. 특히 은퇴자들은 안정적인 수익을 추구하는 동시에 자산을 보호해야 하기 때문에, 투자 리스크 관리가 중요하다.

주식 투자 리스크: 주식은 높은 수익률을 기대할 수 있지만, 그만큼 변동성도 크다. 특히 은퇴자는 주식 시장의 급격한 변동성에 취약할 수 있으며, 잘못된 투자 결정으로 인해 큰 손실을 볼 위험이 있다. 주식 투자는 단기적인 수익을 기대하기보다는 장기적인 관점에서 접근해야 하며, 분산 투자를 통해 위험을 줄이는 것이 필요하다. 특히 은퇴 후에는 안정성이 높은 배당주나 우량주를 선택하는 것이 바람직하다.

채권 투자 리스크: 채권은 안정적인 수익을 기대할 수 있는 투자 상품으로, 일반적으로 주식보다 리스크가 낮다. 그러나 금리 변동에 민감하게 반응하기 때문에, 금리가 오를 경우 채권 가격이 하락할 수 있다. 은퇴자들은 이러한 금리 리스크를 고려해 채권 투자 시 다양한 만기 구조를 가진 포트폴리오를 구성하는 것이 필요하다. 또한, 국채나 지방채와 같이 상대적으로 안정적인 채권에 투자하는 것이 바람직하다.

펀드 및 기타 금융 상품: 펀드 투자는 여러 자산에 분산 투자함으로써 리스크를 줄일 수 있는 장점이 있다. 하지만 펀드 역시 운용사의 전략이나 시장 상황에 따라 수익률이 변동할 수 있으며, 운용 수수료가 발생할 수 있다. 은퇴자는 펀드를 선택할 때 펀드의 구조와 수익률, 운용사의 신뢰성을 꼼꼼히 살펴봐야 한다. 또한, 원금 보장형 상품이나 안정적인 연금 상품에 대한 투자도 고려할 필요가 있다.

은퇴 후에는 안정적인 재정 관리가 무엇보다 중요하므로, 리스크가 큰 투자는 피하고 안전한 투자 전략을 세우는 것이 필수적이다. 이를 위해 분산 투자와 자산 보호 전략을 적극적으로 활용해야 한다.

분산 투자: 분산 투자는 위험 관리의 핵심이다. 모든 자산을 한 곳에 몰아넣는 것은 큰 위험을 초래할 수 있으며, 이를 줄이기 위해서는 다양한 자산에 투자해 리스크를 분산해야 한다. 예를 들어, 부동산, 주식, 채권, 예금 등 여러 자산에 자금을 나누어 투자함으로써 특정 자산의 손실이 발생하더라도 전체 자산에 미치는 영향을 최소화할 수 있다.

신뢰할 수 있는 전문가의 조언: 은퇴 후 투자 결정은 매우 신중해야 하므로, 전문가의 조언을 받는 것이 중요하다. 재정 관리나 투자에 대한 지식이 부족한 경우, 금융 전문가와 상담을 통해 맞춤형 자산 관리 계획을 세우는 것이 필요하다. 전문가의 도움을 받으면 최신 시장 정보와 리스크 관리 전략을 바탕으로 보다 안정적인 투자를 할 수 있다.

장기적인 관점: 은퇴 후 투자는 장기적인 안정성을 목표로 해야 한다. 단기적인 이익을 노리고 고위험 투자를 하기보다는, 안정적인 수익을 추구하는 것이 중요하다. 특히, 은퇴 후에는 자산을 지키는 것이 최우선 과제이므로, 저위험이나 원금 보장형 상품을 고려하는 것이 바람직하다.

준비 없는 창업 리스크와 건강 리스크

은퇴 후에는 많은 사람이 새로운 도전으로 창업을 고려한다. 직장에서 쌓은 경험과 기술을 바탕으로 제2의 인생을 시작하고자 하는 열망은 크다. 하지만 준비되지 않은 창업은 큰 재정적 위험을 초래할 수 있으며, 건강 문제까지 겹친다면 그 부담은 더욱 커질 수 있다. 은퇴 후 창업과 건강은 밀접하게 연결되어 있으며, 리스크 관리가 중요하다. 이에 대해 철저히 대비하지 않으면, 은퇴 후의 삶이 계획과 달리 불안정해질 수 있다.

:: 준비 없는 창업 리스크

은퇴 후 창업은 자금, 경험, 체력 등 다양한 요소를 종합적으로 고려해야 하는 복잡한 과정이다. 잘 준비된 창업은 은퇴자에게 새로운 수입원을 제공하고 성취감을 안겨줄 수 있지만, 준비 없이 창업을 시작할 경우에는 리스크가 클 수밖에 없다.

사업 경험 부족: 은퇴 후 창업을 고려하는 많은 사람은 직장에서 경영 경험을 쌓았더라도, 실질적인 창업 경험은 부족한 경우가 많다. 특히, 자영업이나 소규모 비즈니스를 운영하는 것은 대기업에서의 경영과는 전혀 다른 도전이

다. 마케팅, 자금 관리, 운영 전략 등 모든 분야를 스스로 관리해야 하며, 현실적 어려움을 충분히 이해하지 않고 창업을 시작하면 실패할 가능성이 높다. 준비되지 않은 창업은 은퇴자에게 심각한 재정적 손실을 초래할 수 있다.

과도한 자본 투입: 은퇴자들은 종종 퇴직금을 창업 자금으로 사용하는데, 이 경우 과도한 자본 투입이 이루어질 위험이 있다. 안정적인 수익 모델을 구축하기 전에 자본을 지나치게 투입하면 운영 초기부터 현금 흐름이 원활하지 않아 사업 지속성에 큰 타격을 입을 수 있다. 특히, 리스크 관리가 부족할 경우 자본이 빠르게 소진되면서 빚을 지게 되는 상황으로 이어질 수 있다.

창업 시장의 경쟁 과열: 은퇴 후 창업을 고려하는 대표적인 분야로는 외식업, 프랜차이즈, 소매업 등이 있다. 이러한 분야는 진입 장벽이 낮아 경쟁이 매우 치열하다. 경쟁이 심한 시장에서 준비되지 않은 상태로 창업하면, 차별화 전략 없이 비슷한 상품과 서비스로 경쟁해야 하므로 생존 가능성이 낮다. 특히, 소비자 트렌드와 시장 변화를 정확히 이해하지 못하면 실패 확률이 더욱 높아진다.

:: 건강 리스크

은퇴 후 창업을 고려할 때는 건강 역시 중요한 변수다. 사업 운영은 신체적, 정신적으로 큰 부담을 주기 때문에, 체력과 건강 상태가 뒷받침되지 않으면 창업 성공 가능성이 낮아진다. 또한, 은퇴 후 나이가 들면서 건강 문제는 점차 늘어날 수밖에 없기 때문에, 창업 과정에서 생길 수 있는 스트레스는 건강을 해치는 원인이 될 수 있다.

신체적 피로와 스트레스: 창업 초기에는 업무량이 많고, 불규칙한 생활 패턴으로 인해 신체적으로 피로가 쌓일 가능성이 높다. 특히, 자영업이나 프랜차이즈 창업의 경우, 매장을 직접 운영하고 고객 응대를 해야 하는 등 육체적 노동이 요구되는 경우가 많아 은퇴 후 체력으로 감당하기 어려울 수 있다. 은퇴 후에는 회복력이 젊을 때보다 느리기 때문에, 과도한 피로와 스트레스는 면역력 저하, 만성 질환으로 이어질 수 있다.

정신적 부담: 창업 과정에서의 재정적 불안과 성공에 대한 압박감은 정신적으로도 큰 부담이 된다. 매출이 예상만큼 오르지 않거나 손실이 발생할 경우, 이를 해결하기 위한 정신적 스트레스가 증가할 수 있다. 이러한 스트레스는 장기적으로 우울증이나 불안 장애 등 정신 건강 문제로 이어질 수 있으며, 이는 창업 과정에서 합리적인 판단을 내리는 데 부정적인 영향을 미친다.

건강 관리 소홀: 창업에 몰두하다 보면 정기적인 건강 관리를 소홀히 하게 된다. 정기적인 운동이나 식습관 관리가 어려워지면서 체력이 저하되고, 건강이 악화되는 경우가 많다. 특히, 은퇴 후 창업자들은 고혈압, 당뇨와 같은 만성질환을 앓고 있을 가능성이 높은데, 스트레스와 피로가 이를 더욱 악화시킬 수 있다. 따라서 창업을 계획할 때는 자신의 건강 상태를 고려해 적절한 휴식과 건강 관리가 이루어질 수 있는 사업 형태를 선택하는 것이 중요하다.

:: 리스크를 줄이기 위한 전략

은퇴 후 창업과 건강 리스크를 최소화하기 위해서는 사전 준비와 체계적인 계획이 필수적이다. 무리한 창업이 아닌 안정적인 창업을 목표로 하되, 건강을 해치지 않도록 균형 잡힌 접근이 필요하다.

충분한 시장 조사와 전문가 상담: 창업 전에는 충분한 시장 조사와 전문가의 상담이 필요하다. 시장의 흐름과 경쟁 상황을 명확히 파악하고, 사업 아이템의 차별화 전략을 세우는 것이 중요하다. 또한, 사업 경험이 부족한 은퇴자는 창업 관련 전문가나 컨설턴트의 도움을 받아 현실적인 재정 계획과 사업 운영 전략을 세우는 것이 필요하다.

소규모 창업으로 시작하기: 초기부터 과도한 자본을 투입해 큰 규모의 사업을 시작하기보다는 소규모 창업으로 시작해 성장 가능성을 탐색하는 것이 바람직하다. 사업의 규모를 점진적으로 확장해 가면서 리스크를 최소화하고, 실패할 경우에도 손실을 최소화할 수 있는 창업 방식을 선택해야 한다.

건강 관리 우선: 창업 과정에서도 건강 관리는 최우선 과제로 삼아야 한다. 창업 과정에서 신체적, 정신적 스트레스를 최소화하기 위해 규칙적인 생활 습관을 유지하고, 정기적인 운동과 식단 관리를 통해 체력을 유지하는 것이 중요하다. 또한, 스트레스를 해소할 수 있는 취미 활동이나 명상을 병행해 정신적 안정을 찾는 것도 도움이 된다.

비즈니스 파트너 활용: 은퇴 후 창업을 고려할 때는 혼자서 모든 것을 해결하기보다는 비즈니스 파트너와 함께 창업하는 방법도 고려해볼 만하다. 파트너와의 협업을 통해 업무 부담을 분산시키고, 각자의 전문성을 살릴 수 있다면 더 안정적인 창업 운영이 가능하다.

자녀 리스크와 황혼 이혼 리스크

은퇴 후에는 많은 사람이 가족과의 시간을 더 많이 보내며 삶의 여유를 찾고자 한다. 하지만 이 시기에는 자녀와의 관계에서 발생하는 재정적 부담과 가족 간 갈등이 새로운 리스크로 다가올 수 있다. 특히 자녀 리스크와 황혼 이혼은 은퇴자들의 경제적 안정과 정서적 건강에 큰 영향을 미치며, 대비하지 않으면 은퇴 후 삶에 예상치 못한 위협을 가져올 수 있다.

:: 자녀 리스크

자녀 리스크란 은퇴자가 자녀에게 과도하게 경제적 지원을 하거나, 자녀의 문제로 인해 은퇴 자금에 부담을 느끼는 상황을 말한다. 은퇴 후에도 자녀를 위한 지원이 끊이지 않는 경우가 많다. 교육비, 결혼 자금, 주거 지원 등 자녀와 관련된 비용은 은퇴자들에게 큰 경제적 부담으로 작용할 수 있다.

과도한 경제적 지원: 많은 부모들이 은퇴 후에도 자녀가 안정적으로 독립할 때까지 경제적 지원을 계속하는 경우가 많다. 자녀의 결혼 자금이나

주택 마련 자금을 지원하다 보면 부모의 은퇴 자금이 고갈될 위험이 있다. 특히 퇴직금이나 연금이 한정된 상황에서 과도한 지원은 자산 관리에 부정적인 영향을 미칠 수 있다. 이러한 경제적 부담은 부모의 은퇴 후 생활 수준을 저하시킬 수 있으며, 자녀에 대한 지나친 지원이 부모의 노후 안정성을 흔드는 요인이 된다.

자녀의 경제적 의존성: 자녀가 취업에 실패하거나, 경제적으로 독립하지 못하는 경우 은퇴자들은 지속적인 지원을 해야 할 상황에 놓일 수 있다. 이는 부모의 재정적인 리스크를 높이며, 자녀의 경제적 의존성이 길어질수록 부모의 노후 자금이 줄어들게 된다. 특히, 자녀가 직업적 불안정을 겪거나 경제적 어려움에 처한 경우, 부모가 자녀를 도우려다 본인의 재정적 위기를 맞이할 수 있다.

경제적 균형 유지: 자녀 리스크를 줄이기 위해서는 부모와 자녀 간 경제적 균형을 유지하는 것이 중요하다. 자녀가 독립적인 경제생활을 할 수 있도록 조언하고, 재정적인 지원이 필요할 경우 명확한 한도를 설정해야 한다. 자녀의 독립을 도와주는 것은 중요하지만, 부모의 노후 생활을 희생하면서까지 지원하는 것은 장기적인 리스크를 초래할 수 있다.

:: 황혼 이혼 리스크

황혼 이혼은 은퇴 후 새로운 갈등과 변화로 인해 발생할 수 있는 심각한 리스크다. 특히, 자녀가 독립하고 부부가 함께 보내는 시간이 많아지면서 오히려 관계가 악화되는 경우가 있다. 이로 인해 황혼 이혼이라는 결정을 내리는 부부들이 늘어나고 있다. 황혼 이혼은 재정적, 정서적으로 큰 충격을 줄 수 있기 때문에 미리 이에 대한 대비와 관계 개선 노력이 필요하다.

관계 변화와 갈등: 은퇴 후에는 부부가 함께 보내는 시간이 급격히 늘어나면서 서로에게 익숙하지 않은 생활 패턴이 문제로 작용할 수 있다. 직장 생활 중에는 서로 바빠서 크게 신경 쓰지 않았던 부분들이 은퇴 후 갈등 요인으로 떠오르기도 한다. 이는 부부간 소통 부족, 생활 습관 차이, 의견 불일치 등의 문제로 이어질 수 있으며, 오랜 시간 쌓인 불만이 폭발하여 이혼을 결정하게 되는 경우도 있다.

재정적 부담: 황혼 이혼이 발생할 경우, 부부는 재산 분할을 해야 하기 때문에 재정적으로 큰 부담을 겪을 수 있다. 특히 은퇴 후 재정이 한정된 상황에서 이혼으로 인한 재산 감소는 은퇴 생활의 질을 크게 저하시킬 수 있다. 부부가 함께 모아온 자산이 이혼 후 나뉘게 되면, 노후 자금이 부족해져 각자가 홀로 경제적 어려움을 겪을 가능성이 높아진다.

정서적 충격과 고립감: 이혼은 정서적으로도 큰 충격을 주며, 은퇴 후에는 이로 인한 심리적 영향이 더욱 심각해질 수 있다. 오랜 세월 함께해 온 배우자와의 이혼은 고독감, 상실감을 증대시키며, 사회적 고립을 초래할 수 있다. 은퇴 후에는 새로운 인간관계를 맺는 것이 어려워지기 때문에 이로 인한 우울증이나 정서적 불안이 나타날 수 있다. 황혼 이혼 후 이러한 감정적 충격을 극복하지 못하면, 건강 문제로도 이어질 수 있다.

자녀 리스크와 황혼 이혼을 줄이기 위해서는 가족 간의 소통과 적절한 경계 설정이 필수적이다. 자녀와의 재정적 관계에서 부모가 균형을 유지하고, 부부간에는 은퇴 후 새로운 역할 분담과 의사소통을 통해 관계를 강화할 수 있다.

자녀와의 대화와 독립 지원: 자녀가 성인이 되었을 때는 자녀와 재정적인 한계를 명확히 설정하고, 부모의 은퇴 후 자금이 자녀 지원으로 인해 고갈되지 않도록 해야 한다. 자녀가 독립할 수 있도록 재정적 관리와 직업적 조언을 제공하되, 과도한 금전적 지원은 피하는 것이 좋다. 자녀가 경제적으로 독립할 수 있도록 돕는 것이 장기적으로 부모와 자녀 모두에게 유리하다.

부부간 소통과 관계 개선: 황혼 이혼을 방지하기 위해서는 은퇴 전부터 부부간의 소통을 늘리고, 은퇴 후 역할 분담과 서로의 필요를 존중하는 것이 중요하다. 부부가 함께 취미 생활을 즐기거나 여행을 통해 새로운 경험을 하면서 관계를 더욱 돈독하게 만들 수 있다. 또한, 관계가 원활하지 않은 경우에는 상담사의 도움을 받아 갈등을 해결하는 것도 하나의 방법이 될 수 있다.

【은퇴 후 잠재 리스크 사전 체크리스트】

리스크 항목	설명	상태 체크
1. 금융 리스크		
−금융사기 예방 교육 참여	보이스피싱, 스미싱 등 최신 금융사기 수법에 대한 교육에 참여하고, 사기 방지 대책을 마련했는지	☐ 완료 ☐ 미완료
−금융 자산 관리 전문가 상담	자산 관리나 투자 결정을 신중하게 하기 위해 금융 전문가와 상담했는지	☐ 완료 ☐ 미완료
−보안 강화 및 정보 보호	스마트폰, 인터넷 뱅킹 등에서 개인 정보 보호를 위해 2단계 인증, 보안 프로그램 설치 여부	☐ 완료 ☐ 미완료
2. 건강 리스크		
−정기 건강 검진	만성질환 예방 및 건강 상태를 확인하기 위해 정기적으로 건강 검진을 받고 있는지	☐ 완료 ☐ 미완료
−실손 의료 보험 및 건강 보험 가입 여부	예상치 못한 의료비 부담을 줄이기 위해 실손 의료 보험 및 추가 건강 보험에 가입했는지	☐ 완료 ☐ 미완료
−예방적 의료 서비스 활용	정기적인 운동, 식이 요법 등 예방적 건강 관리 프로그램에 참여하고 있는지	☐ 완료 ☐ 미완료
3. 재정 리스크		
−고위험 투자 자제	주식, 부동산 등 고위험 자산에 대한 투자를 자제하고 안정적인 금융 상품을 선택했는지	☐ 완료 ☐ 미완료
−자산 포트폴리오 재구성	다양한 자산에 분산 투자하여 리스크를 줄이기 위한 자산 포트폴리오를 재구성했는지	☐ 완료 ☐ 미완료
−연금 및 소득 흐름 점검	은퇴 후 생활비를 충당할 수 있도록 연금 수익 및 기타 소득원이 충분한지 점검	☐ 완료 ☐ 미완료
4. 가족 리스크		
−자녀에 대한 과도한 경제적 지원 자제	자녀의 결혼 자금, 주거 지원 등으로 은퇴 자금에 과도하게 의존하지 않도록 경제적 한도를 설정했는지	☐ 완료 ☐ 미완료

−자녀의 독립 지원	자녀가 경제적으로 독립할 수 있도록 조언과 지원을 제공하되, 부모의 재정적 안정성을 우선시했는지	☐ 완료 ☐ 미완료
−부부간 소통 강화	은퇴 후 부부간 생활의 균형을 맞추기 위해 소통과 공감 능력을 강화하고, 역할 분담에 대한 대화를 충분히 했는지	☐ 완료 ☐ 미완료

5. 창업 및 투자 리스크

−충분한 시장 조사와 준비 여부	은퇴 후 창업을 고려할 경우, 시장 조사 및 사업 계획 수립을 충분히 했는지	☐ 완료 ☐ 미완료
−사업 경험 부족 대비	사업 경험이 부족한 경우, 전문가의 조언을 받거나 창업 컨설팅에 참여했는지	☐ 완료 ☐ 미완료
−소규모 창업으로 시작	대규모 사업보다는 소규모 창업으로 시작해 리스크를 최소화하고 있는지 점검	☐ 완료 ☐ 미완료

6. 심리적 리스크

−은퇴 후 활동 계획 수립	은퇴 후에도 활발한 사회 활동이나 취미 생활을 유지하기 위한 계획을 수립했는지	☐ 완료 ☐ 미완료
−동호회 및 자원봉사 참여	은퇴 후 새로운 사회적 관계 형성을 위해 동호회, 자원봉사 등에 적극적으로 참여하고 있는지	☐ 완료 ☐ 미완료
−심리적 안정 및 스트레스 관리	은퇴 후 우울증이나 불안감을 예방하기 위한 심리적 안정 유지 및 스트레스 관리 방법을 실천하고 있는지	☐ 완료 ☐ 미완료

전략적 은퇴 준비가 가져오는 행복한 인생 2막

은퇴는 인생의 끝이 아니라 새로운 시작이다. 그러나 이 새로운 인생이 행복하고 안정적일지, 아니면 예상치 못한 어려움으로 가득할지는 은퇴를 어떻게 준비했느냐에 따라 달라진다. 은퇴는 단순히 직장을 떠나는 순간이 아니라, 삶의 전환점이다. 이 전환점에서 전략적인 준비가 이루어진다면, 은퇴 후에도 자유롭고 의미 있는 삶을 살아갈 수 있다.

이 책에서는 디지털과 AI 시대라는 새로운 환경에서 은퇴자들이 어떻게 새로운 패러다임에 맞춰 준비하고 적응할 수 있는지에 대한 다양한 전략을 제시했다. 빠르게 변하는 기술 환경 속에서 디지털 리터러시를 익히고, 은퇴 후에도 지속적으로 학습하는 능력은 이제 선택이 아닌 필수이다. 또한, 재정 관리, 건강 관리, 사회적 관계 유지 등 각종 리스크를 사전에 대비함으로써 은퇴 후에도 안정된 삶을 누릴 수 있는 방법들을 제안했다.

은퇴 후의 삶을 계획하고 준비하는 것은 재정 관리만으로는 충분하지 않다. 심리적 준비, 가족 관계의 재정립, 새로운 사회적 네트워크 형성 등 여러 측면에서 준비가 필요하다. 은퇴 전후의 심리적 변화와 우울감을 극복하는 법, 가족과의 소통과 새로운 역할을 찾는 방법 등을 통해 은퇴 후에도 행복하고 의미 있는 삶을 설계할 수 있다. 또한, 은퇴 후에도 새로운 도전을 통해 자아실현을 이루고, 사회적 기여를 통해 삶의 보람을 느낄 수 있다.

책의 다양한 장에서 언급된 내용들은 은퇴 후의 잠재 리스크를 줄이는 데 초점을 맞추고 있다. 금융사기, 부동산 투자 리스크, 준비 없는 창업의 위험 등은 충분한 사전 계획이 없으면 큰 위협이 될 수 있다. 이를 예방하기 위해서는 전문가의 조언을 듣고, 정보를 수집하며, 위험을 분산하는 방법을 배워야 한다. 또한, 건강 관리의 중요성을 강조함으로써 몸과 마음의 균형을 맞추는 것이 은퇴 후 삶의 질을 높이는 데 중요한 요소임을 인식하게 될 것이다.

이 책을 통해 재정적으로 안정된 삶뿐만 아니라 정신적, 사회적 안정을 이루는 방법을 찾고, 세대 간 지식과 경험을 나누는 멘토링을 통해 의미 있는 사회적 기여를 할 기회를 탐색할 수 있길 바란다. 또한, 자녀 리스크나 황혼 이혼과 같은 은퇴 후의 가정 문제도 미리 대비하고, 가족과의 소통을 통해 문제를 해결할 수 있는 전략을 제시했다.

이 책이 제안하는 전략적 은퇴 준비는 개인의 삶을 더욱 행복하고 의미 있게 만들어 줄 것이다. 은퇴 후에도 자신의 전문성을 발휘하고, 새로운 커리어에 도전하거나 자원봉사와 공익 활동을 통해 사회적 기여를 이어갈 수 있는 방법을 찾는 과정은 인생의 또 다른 성취를 가져다 줄 것이다.

저자는 이 책이 독자들에게 은퇴 후의 삶을 주도적으로 설계하는 데 있어 유용한 지침이 되기를 진심으로 바란다. 은퇴는 그저 직장에서의 퇴장이 아니라, 새로운 기회를 맞이하는 출발점이다. 이 책을 통해 성공적인 은퇴 준비를 하고, 자신만의 행복한 인생 2막을 열어가는 데 도움이 되길 바란다. 준비된 은퇴는 더 나은 삶을 만들 수 있다.

지은이 김용한

디지털과 AI 시대 - 전략적인 퇴직과 은퇴를 위한 실전 바이블

퇴직과 은퇴, 인생 2막 설계 지침서

초판 1쇄 2024년 12월 10일
초판 2쇄 2025년 2월 20일

지은이 김용한
발행인 김재홍
교정/교열 김혜린
디자인 박효은
마케팅 이연실

발행처 도서출판지식공감
등록번호 제2019-000164호
주소 서울특별시 영등포구 경인로82길 3-4 센터플러스 1117호(문래동1가)
전화 02-3141-2700
팩스 02-322-3089
홈페이지 www.bookdaum.com
이메일 jisikwon@naver.com

가격 20,000원
ISBN 979-11-5622-902-5 13330